ウルトラ・ニッチ

ULTRA NICHE

小さく始めろ！ ニッチを攻めろ！

WAGYUMAFIA
浜田寿人

ダイヤモンド社

ULTRA NICHE
ウルトラ・ニッチ

小さく始めろ！　ニッチを攻めろ！

ダイヤモンド社

はじめに

日本のニッチが世界のメジャーになる

本書のタイトル「ウルトラ・ニッチ」から、どんな内容を想像されたでしょうか。

本書は、**「数ある日本の誇れる商品、食品、サービスを、小さく始めて、とことんニッチを攻めていけば、日本を飛び越えて世界でも十分勝つことができる」**ことを伝えたくて、書いた本です。

そんなバカな！　そんな簡単にうまくいくわけがない！

たまたま、うまくいったんじゃないの？

そう思われるかもしれません。

なかなか競合他社との差別化ができなくて、低価格戦略で薄利多売になり利益が上がらず苦労されたり、ニッチに振り切れていない方もきっといらっしゃるでしょう。

でも、そんな頑張られてきたあなたにこそ、**「考え方を変えれば、十分に世界に通用するニッチに出会えること」**を伝えたいと思います。

和牛というニッチに出会ったことで、世界にチャレンジするチャンスを手に入れられた、そんな経験をしてきた自分だからこそ、自信を持って「あなたのまわりにはきっと世界で通用するウルトラ・ニッチがまだ眠っている！」と、断言できるからです。

「日本のニッチが世界のメジャーになる、新しい時代がやってきた！」のです。

自己紹介が遅れました。

ＷＡＧＹＵＭＡＦＩＡ（ワギュウマフィア）をご存じでしょうか。日本の和牛を世界に広めるべく、僕がスタートさせたプロジェクト、会社、そして店舗です。

「いってらっしゃい！」

という掛け声とともに、いかつい顔をした僕と共同創業者の堀江貴文が黒いまな板に和牛を載せ、お客さまに向かうパフォーマンスを写真でご覧になったことがある方もおられるかもしれません。

世界では「ＷＡＧＹＵ」は、超高級牛肉として知られています。この和牛のポテンシャルに気づき、世界に向けてビジネスを展開しようと考えたのが、２０１３年でした。

これまで、東京・西麻布と赤坂、「WM BY WAGYUMAFIA」「WAGYUMAFIA THE BUTCHER'S KITCHEN」という2つのフラッグシップレストランを展開し、世界中からお客さまをお迎えしてきました。

その他、世界で最も高いカツサンドを提供する和牛カツサンド専門店「WAGYUMAFIA THE CUTLET SANDWICH」を東京・中目黒に、一杯1万円のラーメンを提供する「MASHI NO MASHI TOKYO」を東京・六本木に作りました。こちらも、世界中の方が訪れ、SNSで発信してくださっています。

さらに東京・表参道に「YAKINIKUMAFIA」が2020年1月オープン、いずれも、神戸ビーフ、尾崎牛という日本で最高級の和牛を使った料理を提供しています。

すでに海外展開もしています。香港に出店したのは、2018年11月。冒頭の「いってらっしゃい！」もその一部ですが、WAGYUMAFIAの一部店舗では、おいしさだけでなくエンターテインメントも強く意識し、ショー的な要素も取り入れています。その上で、最高級の和牛料理を食べてもらう。これが、とりわけインバウンドの外国人から高い評価を得たのでした。

香港の店舗では、この形態をそのまま持っていき、大ブレイクしました。さらに、現地のパートナーと和牛を使ったラーメン店「MASHI NO MASHI HONG KONG」を開店。

2020年5月には「YAKINIKUMAFIA HONG KONG」、2022年10月には「YATCHBAR HONG KONG」、2022年11月には「MASHI NO MASHI CENTRAL」も香港にオープンし、現在5店舗展開となっています(全世界では25店舗)。

そして、こうした店舗展開を行っていく間、僕が行っていたのが、「WAGYUMAFIA WORLD TOUR」でした。世界中のさまざまな都市に出向き、地元の著名レストランやシェフと一緒にポップアップイベントを通じて、最高級和牛を現地の料理や食材も交えながら食べてもらう、というツアーです。

これが次第に料理関係者の間で話題となり、僕の和牛のシェフとしての知名度も上がっていきました。やがて、世界のトップシェフたちと一緒にコラボレーションする機会も増えました。すでに世界100都市以上でのツアー開催を成功させています。

このワールドツアーの様子や、日本国内のWAGYUMAFIAの活動は、すべてインスタグラムを通じて世界に発信しています。僕のインスタグラムのフォロワー数は、現在24万人を超えていますが、これを見た外国人たちが、次々に日本のWAGYUMAFIAを訪れるようになったのです。

そのつながりから、元イングランドのサッカー代表、デビッド・ベッカムとご縁が生まれて家族の誕生日パーティにシェフとして招かれたり、中東の某国の国王やロイヤルファミリーから

「和牛料理を作ってほしい」と依頼がやってきたり、ラスベガスのMGMのシェフのメインショーに出演したりしました。ミラノコレクションのメインイベントとして行われたモンクレールの70周年記念ディナーのヘッドシェフを担当したりと、僕自身、想像もつかなかったような日々を過ごすことになりました。

WAGYUMAFIAは今後、世界10都市での店舗展開を構想しています。ワールドツアーを回りながら、現地の感触と可能性を考えた上で出店を決めた10都市です。すでに新しい都市としてサウジアラビアのリヤド、ジェッダがオープンし、ラスベガス、ロンドンでの展開のための準備が進んでいます。また、ワールドツアーは、世界中からぜひ来てほしいという声をたくさんもらっています。

インバウンド需要を中心とした国内、さらには国際的な店舗展開、そしてワールドツアーを僕がやっている目的は、**ひとえに最高級和牛の生産者たちの市場を広げていくこと**です。

神戸ビーフしかり、尾崎牛しかり、世界の食通たちも驚く、本当に素晴らしい和牛が日本にはあるのですが、世界における知名度はまだまだなのです。「WAGYU」「KOBE BEEF」という言葉は知っていても、本当の価値が伝えられていない。

一方で、日本では和牛の市場はすでに飽和になっているといわれています。せっかく世界に誇れる最高級和牛があるのに、これではあまりにもったいない。これこそが、WAGYUMAFIAのビジネスを展開している僕の目的なのです。

そしてこれが、予想をはるかに超える支持を得たのでした。世界中からお客さまが日本や香港に来てくださるだけでなく、最高級和牛を扱う僕に「和牛を料理してほしい」「コラボレーションをして自分たちのお客さまにも和牛をふるまいたい」「一緒にビジネスをやろう」などなど、世界のVIPから次々にお声がかかるようになっていったのです。

しかし、この和牛ビジネスをスタートさせた頃、僕は文字通り、人生のどん底にいました。アメリカから帰国して、1997年に20歳で会社を作り、映画などのエンターテインメント関連、eコマースの事業を手がけていたのですが、2010年を過ぎた頃から厳しい状況にありました。やがて和牛のポテンシャルに気づき、すべての事業をやめて和牛のビジネスに賭けたいとメンバーに伝えると、その多くが僕のもとを去りました。そして僕は、たった一人、和牛ビジネスをスタートさせることになったのです。

たった一人、和牛という商材で**世界に出て行って、実感したことがあります。それは、世界で勝てる日本の食ビジネス、日本の商材は他にもたくさんあるのではないか**、ということです。

日本の米はどうか。野菜は。果物は。調味料は。そして酒は……。改めて感じたのは、もっともっと日本は世界で戦えるはずだ、ということ。それをぜひ、知ってほしいと思うようになっていきました。

しかも、**僕が強調したいのは、大きな組織を立ち上げることなく、たった一人でスタートできる、**ということです。何より、僕自身がそうだったから。これこそ、本書で書きたかった、僕の最大のメッセージです。

今は昔に比べれば、起業の壁は低くなりました。巨額の資金を調達して、ビジネスをスタートさせるケースも増えてきています。しかし、僕がお勧めするのは、少し違います。数千万円、数億円ないとスタートできないビジネスやＥＸＩＴありきの資本政策ではなく、**小規模でスタートし、ニッチに世界を攻めていくこと。そういうグローバル展開の仕方がある**と、僕は気づいたのです。

何億円も集め、何十人、何百人も集めて、システムを作って、大規模に世界に出て行くのではなく、小さく始めるグローバルビジネス。そんなビジネスがもっともっと日本にはあってもいい。それを、多くの人にぜひ知ってもらいたいのです。

僕は和牛に出会って人生が変わりました。どん底だった状況から救われました。今、厳しい状況にある人、夢が持てない人、鬱々《うつうつ》としている人、もっと何かワクワクできることを見つけたい人にも、ぜひ本書を役立ててもらえたらと思います。

突き抜けたブランドを片手に、直に世界に飛ぶことができるのです。一人でも始められるのです。世界という夢に向き合えるのです。そして、多くの人に、日本の人にも、世界の人にも、喜んでもらえる仕事ができるのです。

僕の経験が、少しでも日本のみなさんのために、日本のために役立つことができれば、と思っています。

目次

第1章 小さく始めよ

第2章 ウルトラ・ニッチにフォーカスする

第3章

何をポイントに進めていけばいいか？

第4章 どんなチームを作ればいいか？

第5章 世界に響くPRの方法

第6章 どう事業を広げていくか？

第1章

小さく始めよ

小さく始めよ、一人でやれ

香港、サウジアラビア、アメリカ、イギリス……。僕の和牛ビジネスは、すでに世界に広がっています。そして世界中の有名シェフや有名ホテル関係者などから、「WAGYUMAFIAを出店してほしい」「ポップアップイベントをやってほしい」「コラボレーションしたい」「パフォーマンスが見たい」「和牛を扱いたい」といった問い合わせを数多くもらっています。

しかし、僕は**7年前に和牛のビジネスをたった一人で始めました。**今は大きなオフィスを構えてスタッフも100人を超えていますが、それまで**ずっとオフィスはなく、自宅のリビングや近所のスターバックスが仕事場で、iPhoneが仕事道具でした。**今は、一人で始められるのです。

一人で小さく始めればいいのです。

後に詳しく書きますが、20代で映画関連のメディアを自ら立ち上げた僕は「カフェグルーヴ」という会社を作り、事業をさまざまに広げていきました。映画の配給事業もそのひとつでした。また、ウェブの知識をベースにeコマースの会社「VIVA JAPAN」をスタートさせたり、映画関係者を招きたいからとレストラン事業を始めたり。

ＰＲやブランディングのスキルを買われて、大手広告代理店から受託の仕事も受けていました。その他にも、シャンパンや葉巻を輸入したり、細々としたビジネスをたくさんやっていました。会社もいくつか立ち上げました。

ベンチャーキャピタルからも数億円の投資をもらい、事業はとても順調でした。しかし、あるとき、思うことがありました。本当にワクワクする仕事、納得する仕事ができているのか。自分で疑問に感じたのです。

僕は、ひとつの決断をしました。売り上げがどんどん大きくなっていた、受託の仕事やＰＲの仕事をやめることにしたのです。たしかに大きな売り上げをもたらしてくれていましたが、自分たちが最終決定できない、そして自分たちの名前やブランドが前面に出ない仕事はやめようと決断したのです。

自分たちで配給する映画は、納得したものを買い付けていました。しかし、請負でＰＲだけをやる場合には、必ずしも納得したものを扱っていたわけではありませんでした。ミーティングやらお付き合いやらでも、大変な時間を取られていました。

映画を観て、これは本当に観るべき映画なのか、と疑問に思っていたとしても、お金をもらっていたら、どうにかＰＲするしかない。美辞麗句を並べてプロモーションすることになるわけですが、自分の中には納得感はありませんでした。本心ではもうやりたくなかった。

僕が改めて思ったのは、こういうことでした。

「お金は儲かるかもしれないけれど、心を殺してしまうような仕事はしたくない。社会的に意義があることをやりたい」

受託やPRの仕事を継続したいというスタッフの独立と同時に、僕は事業から撤退しました。僕にとっては正しい選択でした。

ただ、受託の仕事は会社の利益の大部分を稼いでいました。会社は苦しくなりました。やがて、会社はどん底の状況に陥りました。34歳のときのことです。


僕はもうひとつ、VIVA JAPANという会社も作っていました。日本の秀逸なプロダクトを輸出するeコマースの会社でした。ここで縁あって一部、扱うことになったのが、和牛の輸出でした。

当時、ジャパン・パッシング（JAPAN PASSING）という言葉がありました。中国が経済成長して、韓国も輸出が伸び、「もう日本はパスしよう、いらないよね」と言われ始めた時代。海外の映画関係者からも「日本のステータスが落ちている」とはっきり言われていました。だからこそ、**世界に通用するメイド・イン・ジャパンを広めることには、きっと大きな意義があると**

思ったのです。

その後、アメリカに出張することになり、改めて痛感したのが、和牛の圧倒的な存在感でした。VIVA JAPANの事業について話をすると、外国人が食いついてきたのは和牛の話でした。

アメリカから帰るユナイテッド航空機のエコノミーの窓側の席で、僕は思案していました。これから、どうするべきなのか。カフェグルーヴが厳しくなっている中で、VIVA JAPANを売却する、という選択肢もありました。しかし、13時間のフライトで僕が決断したのは、和牛一本に絞ることでした。

和牛の輸出は参入障壁が高く、誰でもできるわけではありません。さらに高付加価値の商品で、差別化ができて、メイド・イン・ジャパンを象徴できる。本気でやれば海外に日本をアピールできる。そんなアイテムは和牛以外にないと思ったのです。

しかし、会社に残っていたのは、多くがIT系の人材。和牛をやりたいという僕の声に、耳を傾ける社員はいませんでした。役員会でも、全員に反対されました。最後に残った一番長い付き合いのあった役員も、「今回は申しわけないけど、ついていけない」と僕の下を去りました。それまで苦労をかけた多くの主要メンバーから「こいつ、ついに終わったな」という目で最後に見られたのを覚えています。

一人で始めた、というより一人で始めるしかなかった、と言うべきかもしれません。そこから会社は資金繰りも厳しくなり、取引先への支払いや給料の支払いが遅延し、最終的にはスタッフ全員が辞めていきました。

結局、メディア事業もレストランもやめて、カフェグルーヴは民事再生法の適用を申請しました。その後、会社を清算します。

周囲からは、VIVA JAPANも整理して、自己破産し、一度借金をクリアにしてからゼロスタートすることを強く勧められましたが、もう一度復活することを誓って、会社を残しました。これには、この会社と僕に出資してくれた人に本当に失礼だという思いが強かったからです。

ここから、自分の借金を整理しながら、和牛ビジネスを模索する日々を始めることになります。しかし、やってみて感じたのが、一人の良さでした。気づいたのは、人がいないと仕事はできない、と思い込んでいた自分の姿でした。

オフィスが必要なくなり、固定費は一気に減りました。かつては300万円近くをオフィス賃料に毎月支払っていたのです。iPhoneさえあれば、オフィスなどなくても、いろいろなことができることに改めて気づきました。昔みたいに各種機材もサーバー構築費用もいらない。小さなスマホひとつでいい。お金がかからないのです。それこそ、最低限の生活費さえあればいい。

小さく、一人で始めることに、今ほど適している時代はないと改めて思いました。

そして僕は、20代で起業したばかりの頃のことを思い出していました。映画メディア「シネマカフェ」を作ったものの、当時は誰も知らない存在。

それでも僕は、家にあったカメラを片手にドン・キホーテで脚立を買い、取材のためにトム・クルーズの最新映画の記者会見場に向かいました。

「君、誰？」

と受付で咎《とが》められ、入れてもらえないところから、僕の仕事は始まっていたのでした。こういうチャレンジ・スピリットを、しばらく忘れていたことに気づきました。

そう、あのときと同じく、すべて一人で全部やればいいのです。できる限りプロの手は借りない。ＹｏｕＴｕｂｅなり、いろいろなメディアにノウハウが転がっている時代なので、そこから勉強して自分でやる。一人だから、助けてくれる人もたくさん出てくる。かつてもそうでした。

今やお金をたくさん集めて起業できる時代。でも、お金をかけないやり方を語る人はほとんどいません。小さく、一人で始める方法を語る人が少ない。儲からない、と言われている領域も、一人で超低コストで始められたなら、さて、どうか。

一人でやろうと考えれば、すべてのことが可能で、圧倒的なスピードも手にする。大きな可能性が見えてくるのです。

素人発想で考えよ

和牛に関しては、もともと僕は門外漢でした。レストランをやっていたので、多少の知識はありましたが、和牛の流通について詳しく理解していたわけでもない。

だから、「和牛を扱うなんて、無理に決まっている」という声をよく耳にしました。しかし、ではそう言う人は何か和牛ビジネスのチャレンジをして、ダメだったから言っているのかというと、実はそんなことはないのです。

なんとなくのイメージで語っていることが多い。しかし、ちょっと努力すれば、いろいろなものがはっきり見えてきたのでした。それこそ、**世間が漠然と思っているようなネガティブなカラクリは、簡単に見破れる**と思っています。

当時の僕はレストラン事業を通して食材を触ることは少しありましたが、今みたいにキッチンに立って調理するというシェフ役ではありませんでした。コンセプトとメニューイメージを考える、ありがちなレストランオーナーの端くれでした。

当時の僕は一次産業も詳しくないし、肉にも詳しくなかった。ずっと携わってきたのは、メディアだったり、エンターテインメントの世界だったりしました。でも、**門外漢だからこそ、こういう人間だからできる新しい発想や売り方というのがある、**と思うのです。自分なりのアプローチの方法でいいのです。

僕が改めて思い出していたのは、カフェグルーヴで映画の配給を手がけていたときのことでした。小さく始めた事業でしたから、海外で映画を買い付けるにも、予算がない。それこそ、500万円しか出せなかった。しかし、500万円で買える映画なんて、ほとんどありません。

そんなとき、出会った映画がありました。『約束の旅路』。制作はフランスの大手映画会社。しかし、舞台はエチオピア、イスラエル、最後にパリと出てきて、何映画なのかもわからない。俳優の一人は、イスラエルでは有名な女優だといいますが、日本ではまったく無名。しかも、テーマはユダヤ教を扱った宗教もの。

「舞台がよくわからない。主人公を日本人が知らない。テーマは日本に馴染みがない。こんなの買ったら自殺行為だ。絶対に当たらないし、無理だよ。だから素人なんだよな」

そんなふうに、日本の映画関係者の間では言われていました。でも、僕は買う決断をするのです。なぜか。僕自身が感動したからです。観終わったあとに、一人試写室で号泣しました。なかなか席を立てなかったぐらい、素晴らしい映画でした。

ただし、買い付け最低価格は2000万円の提示。手の届く金額ではありません。「500万円しか予算がない」と僕は言いました。「こんなに素晴らしい映画はない、やっぱり映画は素晴らしい」という言葉を添えて。

プロデューサーから僕に直接、電話がかかってきたのは、日本に帰国してしばらくしてからのことでした。

「あなたのことを徹底的に調べさせてもらった。純粋な映画人じゃないね、君は。だったら、500万円で構わない。やろう」

僕が配給したこの映画は、日本で大ヒットしました。そして、その映画を売ってくれたフランス人、ニコラとは今でも盟友です。

さまざまにマーケティングが駆使される時代です。大きな組織なら、そういうことをどんどんやっていけばいいのかもしれません。しかし、小さく始めるときに、そんなことは予算もないしできません。

しかも、マーケティングが絶対的に正しいのかといえば、必ずしもそんなことはない。先の映画でいえば、さまざまなリサーチを経て、絶対やらないほうがいい、という結論は出ていたのです。プロモーションもそれまで当たり前とされていたやり方をすべて変えて、インターネットでのプロモーションと口コミマーケティングをメインにしました。そして映画は、業界人の予想を大きく裏切り、大ヒットしたのです。

僕が改めて思うのは、**一人称のマーケティングは強い**、ということです。映画に限らず、**自分自身が「これは素晴らしい」と思えるものは、どこかにきっと同じ考えを持ってくれている人がいるはず**なのです。それを直感的に大事にすればいいのです。

振り返ってみると、自分自身が配給した映画も、当たったものは、自分が好きな映画ばかりでした。逆に、外してしまったのは、「ちょっと売れている俳優が出ているハリウッド映画もやってみたいな」「あの作品があたっているから、この系統はあたるんじゃないか？」などと映画業界人感を出して、素人発想を忘れ、余計なことを考えてしまったときでした。

自分が映画を観て、これは絶対に行ける、と感じたものをやればいい。事業も同じ。一人称のマーケティングでいいと思うのです。素人発想で考えていい。

実際、**最高級の和牛を初めて食べたときの衝撃**を、今でも覚えています。映画の配給をしていた頃、僕が手掛けた食のドキュメンタリー映画『フード・インク』の予告編をご覧になったある方から連絡をいただきました。その人は、宮崎県で最高級の和牛を育てている、尾崎牛の生産者・尾崎宗春《むねはる》さんでした。そして、彼のもとを訪れる機会を偶然、得たのです。

尾崎牛は、宮崎県で肥育《ひいく》から販売までを尾崎さんご本人が手掛ける、子牛から育てたブランド牛の名前です。尾崎さんはアメリカで畜産を学び、その後宮崎に戻り、宮崎牛ブランドでナンバー1を取り、晴れて自社の牧場で独自に配合した飼料によって、自分の名前を冠した最高級の和牛を育てていました。

牛肉商の名前を冠したブランド和牛は、国内では尾崎さんが先駆けです。今はWAGYUMAFIAでもメインの和牛として扱っているのがこの尾崎牛です。

尾崎牛を食べるまで、和牛はフォアグラのように強制的に給餌《きゅうじ》して、無理矢理に霜降り《しもふ》（サシ）を作っているのだろうと僕は思っていました。尾崎さんに会ったとき、「霜降りの焼肉はときおり食べますが、和牛はどうにも重くて。お腹が痛くなることもあります」と言ったら、こう返されました。

「まだ和牛素人だね。本当にいい和牛はまったく違う。それを知らないだけだからしょうがない。今日は一人1キロ用意したから、食べていきなさい」

1キロも食べられない、と思いましたが、尾崎さんは厩舎《きゅうしゃ》隣にある自宅の庭で、自らが一から調理し尾崎牛でいろいろな料理を作ってくれたのでした。尾崎さんのお話を伺って食べる尾崎牛の料理の数々。ついにはなんと全部、平らげてしまった自分がいたのです。

このとき、僕の和牛のイメージはガラッと変わりました。それまでにいろいろな牛肉を食べてきましたが、こんなにおいしい牛肉は初めてでした。「なるほど、これが和牛というカテゴリーなのか」と改めて思ったのです。

フランスでは、クロワッサンにバターをつけて食べる人がたくさんいます。クロワッサンはそもそもがバターをたくさん練り込んで作ります。それなのにどうしてさらに追いバターを塗るのか、と。ところが、やってみて驚きました。フランスのバターそのものの質が違うのです。バターをそのまま食べても十分においしい。

こんなにおいしいバターなら、クロワッサンに塗りたくなるのは当然だと思いました。本当においしいバターとの出会いは衝撃でしたが、和牛との出会いの衝撃もこのクロワッサン追いバター事件に似ていました。

そして**尾崎牛を食べた翌日の朝、起きてびっくりしたのは、まったく胃がもたれていなかったことです。あれだけのサシが入った和牛を食べて、とてもクリーンな感覚。それは人生で初めての感動体験**でした。

アメリカから帰る飛行機で僕の中に浮かんでいたのは、あの和牛のおいしさでした。これこそが、僕なりの一人称のマーケティングでした。そしてこの直感は、結果的に正しかったことが後にわかるのです。

とことん調べよ

和牛ビジネスをやると決めて、真っ先に行ったこと。それは、**和牛に関わる書籍をとにかく読むこと**でした。世の中の和牛に関する本はすべて読んだのではないか、というくらいに本を読み漁《あさ》りました。

書店ではもちろん探しましたし、絶版されている本を求めて古本屋もまわりました。中には、マニアックな専門書もたくさんありましたが、できるだけ手に入れて、読むようにしました。なぜなら、和牛のことをまったく知らなかったからです。今でもそのときに集めた和牛に関する書籍が狭いオフィスの本棚に並んでいて、アルバイトのスタッフが自由に読めるようになっています。

実のところ、日本の多くの人が、和牛のことを詳しく知りません。「和牛とは何ですか？」と聞かれても、正しく答えることができない。

実は、**国が和牛と認定しているのは、在来牛4種類のみ**です。和牛と聞くと、黒毛和牛という黒い毛の和牛を思い浮かべる人も多いと思いますが、**市場流通している90%以上はこの黒毛和牛**

です。他に、**褐毛和種（赤牛）や日本短角種（短角牛）、無角和種**があります。

この4種以外の国内で育った牛は、国産牛のカテゴリーに入ります。和牛とは呼びません。日本で生まれ育ったからすべての牛が和牛になれるわけではないのです。

そして**「海外産の和牛」**も存在します。その多くが、黒毛とホルスタインなどとの交雑です。**交雑種は、日本では国産牛カテゴリーに入り、国産和牛とは呼びません。**つまり、海外産の和牛も、そのほとんどが日本でいうところの和牛ではないのです。

日本では戦後、**牛の血統を徹底的に管理**するようになりました。欧米のように大きな赤身肉ではなく、サシが美しく入り、旨みがある牛肉づくりを目指しました。

今や**国家的な財産ともいえる精液を管理し、トレーサビリティ（生産・流通が追跡可能なこと）も確立し、世界で最も「安心・安全」な生産スタイルを作り出したのが、日本**です。世界の農業の中でも和牛のようなトレーサビリティを持っている家畜はそういません。こうして生まれた最高の肉質で、世界で一番高い牛。それが、日本の和牛なのです。

そして、**黒毛和牛のルーツは、但馬《たじま》牛**にあります。黒毛和種は、ほぼこの但馬牛がベースになっています。そこから、違う黒毛和種の牛と掛け合わすことで、新しいブランドが生まれていきました。

神戸牛、松坂牛、近江牛、皆さんも聞いたことがある代表的な和牛の3ブランドを含めて**日本のブランド牛は、全国で370以上**もあるといわれています。いずれも**但馬系の和牛がベースとなり、全国に生産が広がり、ローカルの地名が付いた和牛ブランドとなりました。**

和牛の大きな特徴ともいえる「サシ」ですが、日本の和牛のサシは白い。この白さを作るのが、草わらの与える量を段階的に調整してβカロテンを抑え、国内・世界から集めた飼料を独自混合してゆっくりおいしく太らせていく日本独自の育て方です。空気に触れた和牛の肉は、霜降りと美しい赤身が日の丸の国旗のように紅白のコントラストを描きます。

霜降りは、筋肉に脂肪が交雑するという、自然界では起こり得ない特別な現象。海外に持っていくと、霜降りの見事さに驚かれます。

和牛について学んでいくと、こうした興味深い話が続々とわかってきました。そして当初は和牛全般を扱うことを考えていた僕でしたが、学びを深めることで、**「最高級和牛にフォーカスしていく」という選択をする**ことになります。

初めて出会った最高級和牛、尾崎牛を、後に自分のレストランで提供したり、VIVA JAPANのeコマースで販売するようになるのですが、あちこちの肉の関係者やシェフ、とりわけ外国人から決まって聞かれたのが、このセリフでした。

「この尾崎牛は、確かにおいしいけど、あの神戸ビーフと何が違うのか」

ここで、僕は**神戸ビーフが、想像をはるかに超えて世界で知られる牛肉になっていた**ことを知るのです。「最高級の和牛＝神戸ビーフ」あるいは「和牛＝神戸ビーフ」と言っていいほどのブランド浸透をしているイメージでした。

先に、黒毛和牛のルーツが但馬牛だと書きました。**但馬牛は兵庫県で生まれて育った但馬純血100％の牛ですが、この但馬牛のカテゴリーにおいて、品質が特に高いもの（12まである格付けの6以降、A4かA5評価）だけが神戸ビーフ**になります。その他にも神戸ビーフになる基準がありますが、そのルールをクリアした但馬牛のみが神戸ビーフになります。したがって神戸ビーフとは、兵庫県で生まれ育った最高級の但馬牛の肉のみを指します。

松阪牛や近江牛が、例えば宮崎や鹿児島で育てられた子牛を買ってきて、松阪や近江の地で育ててもある基準をクリアすれば松阪牛ブランドや近江牛ブランドになるのと異なり、神戸ビーフは「兵庫県内での域内生産に徹底的にこだわっている」のです。県外産の牛とは絶対に混ぜない。和牛ブランドの中でも珍しい、この土地に長らく根付いた仕組みとストーリーが、海外に持って行くときに、強烈なブランディングとして使えると思ったのでした。

ワインもそうですが、**世界で有名になるワインというのは、わかりやすいストーリーのあるブランド**です。また、ＫＯＢＥという海外でも呼びやすいネーミングも良かった。実はＷＡＧＹＵ

の発音は国によってはなかなか発音しづらい言葉ですが、母音のみで構成されているＫＯＢＥは世界のどの言語帯でも発音しやすかった。だから神戸ビーフは世界にその名が広まっていたのだと思います。

後に僕は、**最高級の地域ブランドである神戸ビーフと日本最高の個人ブランドである尾崎さんの尾崎牛を中心に扱っていく**ことになります。

和牛のことを調べれば調べるほど、面白い世界が広がっていきました。和牛は日本そのものの歴史、そして食文化の成り立ちを示す象徴的存在のようにも思えました。

和牛の原形となった牛は、２０００年以上前に大陸から渡ってきています。それから長い間、人に利益をもたらす役牛として農耕作業に従事する大切な労働力でした。明治時代に入り、開国とともに肉食が解禁され、食の欧米化が進んでも、家族同様に育てられた牛の扱いは変わらなかったそうです。牛と寝床を共にする生産者もいたのだそうです。

第二次世界大戦後、農業の機械化はさらに進んで、まだまだ役牛としても活躍していた和牛を食用へとまわす決定的なタイミングが来ます。牛の食用がいよいよ本格的になるのです。

和牛４種の制定は１９４４年。遠い昔に大陸からやってきた牛が、神話のオリジンである但馬の国にて、長い年月をかけて、日本の食文化の米の生産を支え続け、そして洗練された食材になっていったわけです。日本の豊富な水資源、そしてそこから育まれた稲作文化、重要な食資源であった米づくりを支えたのがこの和牛たちです。日本の風土が作り上げた世界的に類を見ない奇跡の牛だと思います。

但馬牛は、仏教伝来の前にはすでに渡来していたようです。なんと『古事記』『日本書紀』に記載があります、『日本書紀』に「但馬牛は、農耕によし、運搬によし、食べてよし」といった記述があるそうです。

ちなみに霜降りは自然界では起こり得ない現象ですが、この霜降りの発見について、ひとつの逸話が残っています。

但馬地方は高い山々に囲まれているため、農耕馬が活躍できる平坦な地形ではなかった、またなかなか他の地方から牛がやってくることはなく、但馬の地での近親交配が進んだのです。そんな中、たまたま役牛として働く母牛が亡くなった際に、解体したら、その肉の中に霜降りを発見した……。

とことん調べることで、こうした神話を思わせるような逸話にも、出会うことができたのです。

徹底的に人に会いに行け

徹底的に本を読む。関係する映画を観る。YouTubeなどの映像を見る。今はいい時代です。今までは人に従属していた独自のテクニックや情報が、ある程度は映像化されてネットに上がっている時代です。しかも無料です。とにかくすでにある情報に関しては、徹底的に吸収していったほうがいいと思います。タダで手に入る情報もたくさんあります。

一方で和牛ビジネスを本格化させるにあたり、もうひとつ、取り組みを進めていたことがあります。それが、**和牛に関わるいろいろな人たちに直接、会いに行ったこと**です。

レストランをやっていたので、食関係にはシェフや飲食事業者などとのつながりがありました。そこから、別のシェフを紹介してもらったり、しばらくいろいろな店舗で働かせてもらったりもしました。

和牛がどんなふうに捉えられているか、どんなメニューになっているか、どんなふうに調理されているか、じかに見たかったからです。

一方で、**生産や加工の現場も見に行きました。**和牛を世界に売ろうと考えていたわけですから、すべてを知っておく必要がありました。実際に頼み込んで働かせてもらったこともあります。

プロのプレーヤーにヒアリングすることによって、「あの話は実は間違っているんだけどね」「みんなそう言っているんだけど、実はこうやったほうがよくて」という話が出てきます。本などを通して自分で学んだことを、そうやってアップデートしていけたのです。

これは後にわかることですが、**きちんと勉強し、きちんと見聞きしておくからこそ、自分の言葉で和牛についてしゃべれるようになる**のです。知識として理解をすることは、それほど難しいことではありませんが、それを**自分でしっかり解釈して、自分の言葉で話せるか**、というのは、実は別の話です。

言ってみれば**借りてきた言葉ではなくて、自分の言葉「浜田語」で話せているかどうか。独自の世界観やストーリーが出せるかどうか**。そのためにも、学びを深めないといけない。自分なりの理解をしないといけない。そもそも、和牛がどのように育てられているのかすら、知らなかったわけですから。

ましてや僕は、和牛の価値をもっともっと高めたいと思っていたのです。もっともっと和牛を高く世界に売りたいと考えていました。

最高級天然マグロは、ピーク時には1キロ約7万円していました。僕の印象では、最高級の神戸ビーフでも、その3分の1から4分の1の価格です。**僕は、最高級の和牛は天然マグロと同じくらいの価値があると思っていたのです。そうすると、あと5万円は高くなる可能性があると、心が躍った**ことを覚えています。

後に書きますが、**最高級和牛は本当に希少なのです。それをもっと高価なものにしたかった。**ところが当時は、高価なものにしようとしている人たちがいませんでした。であるならば、**自分なりの和牛のストーリーを語れるように紡がなければならない**のです。

和牛を育てているのは、繁殖から子牛まで育てる**「繁殖農家」**と、文字通り肥えさせて育てる**「肥育農家」**の2つに大別されます。

繁殖農家がまず、但馬系の人工授精で生まれた子牛を育てます。約60%は宮崎と鹿児島の農家が担います。子牛は10カ月前後で、競りにかけられ、肥育農家に買われていきます。

肥育農家は、子牛を15カ月から長いと30カ月ほどかけて育て、通算で25カ月から40カ月前後まで育って成牛となった牛は、再び競りにかけられ、「と畜」を経て食肉会社の手に渡ります。食肉会社である大手精肉メーカーなどは、一次卸と呼ばれ、ここから街の精肉店や飲食店、さらには二次卸などに卸されていきます。

近年では、繁殖から肥育まで一貫して行う生産者も出てきていますが、子牛の品質を安定させる競り、繁殖・肥育分業のメリットは大きいものがあります。

先に、尾崎さんに和牛をご馳走になった話を書きましたが、尾崎さんを介して、他の生産者にも会いに行きました。と畜、飼料メーカー、食肉会社にも話を聞きに行きました。


生産者に話を聞きに行くことで、いろいろな課題も教わりました。例えば、従業者の高齢化によって繁殖農家が減少し、子牛の値段が高騰していること。

労働時間をコントロールできる肥育農家に比べて、お産が夜に始まれば深夜作業になるなど、労働時間が昼夜にわたる繁殖農家は、労働費を節約するために夫婦経営が多く、どちらかが病気などで仕事ができなくなったり、高齢化でやめてしまうケースも増えてきているのです。和牛をめぐり、多くの人が危機感を持っているところです。

また、多くの農家がJAを通して競りで売ったりしていますが、中にはJAから離れて、独自で和牛を売っている人たちもいました。**和牛の事業に極めて意欲的な人たち。こういう人たちをもっと増やさないといけないのではないか**、と感じました。ちなみに僕が扱う和牛の多くは、基本的にはJAを通さずに買います。

「和牛なんか扱えるはずがない」とは何度も言われたことですが、もちろん壁がまったくないわけではありませんでした。しかし、何が壁なのかを理解することすらなく、無理だ、不可能だ、と決めつけてしまうことは危険です。

実際、僕はどこに難しさがあるのかも探りに行きました。だからこそ、打つ手もわかってくるのです。

ちなみに、僕は世界の牛のメジャーブランドと呼ばれる産地のほとんどを訪問して見に行っています。イタリア、トスカーナで世界中の牛の祖先と言われているキアニーナも見に行きました。大昔から存在するイタリア在来種です。この牛の価値と輸出に目をつけたヴェネツィアの元市長は私財を投じて牧場を作っていました。

南米、オーストラリア、アフリカ……。牛を求めていろいろな国をまわりました。牛を食べないインドにも見に行きました。インドも南インドのケララ州の一部では、食牛文化があると聞いたからです。そこで食べられている水牛のカレー料理は、今でもＷＡＧＹＵＭＡＦＩＡのツアーでときおり出すドライカレーメニューへとつながり、新しい和牛のカレーへと仕上がっています。日本でも、北海道から沖縄まで、ほとんど主要どころは和牛を見に行きました。

これも、**一人でやれば、とても身軽**なのです。一人で行って、安い飛行機チケットで弾丸で帰ってくる。どうやって行く先を見つけるのか、とよく聞かれるのですが、ひとつのヒントは生産者です。

いい生産者は、いい生産者を知っているのです。そしていい生産者のところに行くと、またいい生産者を紹介してもらえる。幸せな連鎖がそこには存在していました。

卸業者なども、僕は生産者から紹介してもらいました。生産者は、必ずどこかに和牛を卸しています。それを聞けばいいのです。と畜もなかなか見られるものではありませんが、生産者の紹介なら、交渉をしてもらえたりする。

そもそもわざわざ生産地や と畜場を訪ねようとする業者は、そうそういません。なので、きちんと準備をしていけば、とても歓迎してもらえる印象があります。最終的に200人以上には会ったと思います。海外のシェフにもたくさん会いましたし、一緒に仕事をしました。

これは、和牛に限らず、いろいろなプロダクトでそうだと思うのです。訪問を歓迎してくれるのです。新規参入がほとんどない産業なら、なおさら。むしろ、そのほうが大きなチャンスが潜んでいる気がします。なぜなら、誰も生産者を訪ねていったりしないから。大抵のことはインターネットで事足りてしまう時代です。だからこそ、現地に赴くことでしか見つからない、ニッチな宝物が眠っていたりするのです。

短期の修業に行け

和牛をさらに学ぶために、僕は短期の修業にも行っています。精肉店にも修業に行きましたし、と畜場にも学びに行きました。

一次卸も含め、卸会社でも働かせてもらいました。焼肉屋さんでは、お願いをしてホールにも立ちましたし、精肉も見せてもらいました。実際に現場をやってみないと、見えてこないことがたくさんあると感じていたからです。

肉をどんな人たちが、どんなふうに処理しているのか。どんな部位を切って、どんなふうに売っているのか。スライスなのか、カットなのか、ブロックなのか。

どんな鮮度で売っているのか、どんな人たちがどんなタイミングで買いに来るのか。どんなふうに食べているのか。どういうお金の使い方をしているのか。どのような考えのもとで事業をやっていて、どういう利益構造になっているのか。**一気通貫で、最初から最後まで見たかった**のです。

意外に知られていないことかもしれませんが、肉はけっこう日持ちします。**しっかりしたと畜**

場での処理を経て、真空状態で60日間は保存できます。衛生環境の整った最新鋭のと畜場で海外基準をクリアしたところだと、長いもので90日は真空保存可能です。

生体の状態で入ってきた牛は、と畜され、皮が取られ、内臓や危険部位が取り除かれて、「枝」と呼ばれる状態になります。よく映画などで、天井から肉のかたまりがぶら下がっているシーンがあったりしますが、あの状態です。

と畜が終わった状態はまだ温かいので、この状態で、2日間ほど冷やすプロセスがあります。このときに行われるのが、国や協会などによる**格付け作業グレーディング**です。**第6番と第7番のあばらの間を切断して、その表面のサシの交雑具合をチェックして決めます。**これで、皆さんもご存じの**A4、A5などの評価**がつきます。ここまでが、と畜場でのプロセスです。

このあと、多くは大手精肉メーカーなど一次卸のカット工場で12の基本部位にカットされていきます。これも、イラストなどがたくさん出回っていますが、見せてもらって、ようやくきちんと理解できました。真空パックされた各基本部位などは、この先、二次卸に行ったり、直接お店に卸されていきます。

このあたりのプロセスは、世の中にある本にも書いていないわけではありません。しかし、やはりじかに見て、経験することでこそ、わかることもあります。そこにまつわる、いろいろなストーリーも、きちんと理解することができます。

和牛を少し学んで感じたのは、**「生産の現場とつながり、大量に買うことの重要性」**でした。**大きなボリュームで買う、パーツ単位よりも一頭単位のほうが、生産者も一時卸もラクなのです。**

結局は、「物量を握ったところがバイイングパワーをつかめる」ということ。買い手としてのランクが変わるのです。その上で、高い価格にして販売する。付加価値をつけて、生産者のブランディングにつなげる。

「物量大＝安く売る」のではなく、**トップレベルの牛なので「ある程度の物量と高く売ることで新しいマーケットを創出していく」ことが重要**です。たくさん買ってくれる上に、僕たちに卸したほうが自分たちにもプラスだ、と生産者に思ってもらえるようにすることです。

多くの現場に足を運んだことで、僕たちならではの情報発信にもつなげられることになりました。生産者について発信していき、生産者には、最終的にその牛が世界の輸出された都市のどのレストランでどんな食べられ方をしたのか、写真や動画で見せていく。現地のシェフやお客さんのコメントや意見も添えて、生産者に動画で見せていくのです。

こんなことをしている買い手は当時、誰もいませんでした。基本的には生産者は競りの場所まで持っていくだけ、買い手は競りで買うだけ、レストランは買って調理するだけと、特別な食材にもかかわらず想いが分断されていた。一気通貫で情報も思いもつながっていませんでした。誰が生産しようがあまり関係なかったのです。

しかし、これからは生産者の個性が前面に出ていく時代です。そこをつないで可視化するのが自分の役割だと思ったのです。

焼肉のお店がどのように肉を提供しているのか、どのように食べられているのか、といったエンドユーザーに近い情報は、生産者や精肉店などに重宝がられました。逆に焼肉のお店などからは、生産者の情報や、和牛はどのようにして畜され、肉になっていくのか、という情報など、とても喜ばれました。

何より大事なことは、業界の人たちと話をしたときに、「お、こいつはちゃんとわかっている」「真剣にやろうとしているな」「熱意は本物かもしれない」と思ってもらわないといけないということです。

そう思ってもらえるからこそ、お会いしたときに、してもらえる話があるのです。例えば血統の話をすれば、繁殖農家から「よく知ってますね」「なかなか詳しいね」という言葉が出てくる。東京から会いに行って、真剣に和牛のビジネスをしようとしている意思も伝えることができる。言葉をしっかり合わせてコミュニケーションができると、「いや、実はあれは本当は……」といった本音を聞かせてもらえることもある。

映画の仕事をしているとき、こんなことがありました。「アナモルフィックレンズ」という映画撮影に使われるマニアックなレンズ名が会話の中で出せるだけで、映画監督の対応が変わってくることがたびたびありました。映画の世界で使われる歪曲したレンズを指す専門用語ですが、映画の技術者の心の扉をあけてくれるマジカルワードなのです。「こいつはわかっている」「こいつは同じ世界にいる」と思ってもらえるだけで、いろいろな扉は開きやすくなる。**扉が開かれた瞬間に本当の情報が飛び出してくる**のです。

海外をまわっていろいろな経験を積んで改めて感じることとは、アメリカ人にはアメリカ人の、イギリス人にはイギリス人の、香港の人には香港の人のスイートスポットがある、ということ。その**スイートスポットに言葉を合わせていくのが大事**なのです。

例えばアメリカ人は、「ポップなもの、ヒップなもの、新しいもの、トレンドやモードが好き」。圧倒的にその感度が高い。だから、和牛を食べることがヒップでお洒落だというモードをいかに作っていくか、が重要になります。いわば、ハリウッドやネットフリックスの映画のようなわかりやすいコンセプトとアプローチが大切です。

1980年代にスウェーデンで生まれた「ABSOLUTE VODKA」という世界的には無名だったウオッカが世界一を取ります。ロシア生まれでもないこのブランドが世界一のウオッカの称号を取るためにしたことは、瓶のデザインを試験瓶のような斬新なクリアーボトルに変えて、素晴らしいグラフィックデザインを入れたことでした。

そして何よりもアンディー・ウォーホルらのポップアーティストを巻き込んでコラボしたことが勝因でした。読んでいただければわかる通り、味の説明を前面に出したのではなくて、イメージ戦略でアメリカナンバー1のタイトルをもぎ取るのです。

逆に歴史と秩序を重んじるイギリスでは、「あいつらがやっていることは本物だ」と思ってもらうことが重要です。

僕たちは世界で唯一、神戸ビーフをまるまる一頭熟成にかけています。だいたい熟成して寝かしているだけで20〜30頭くらいいます。一番長い場合は、600日くらい熟成させていることもあります。

ただでさえ高い世界一の牛肉を回収を遅らせて、さらに1年以上も熟成させている、こんな非効率なことをしている会社は一社もありません。では、何のためなのかというと、「こいつら本物なんだ」と思ってもらうことが重要だからです。

「最高級の神戸ビーフ発酵・熟成」というキーワードがマジカルワードになります。

相手のスイートスポットを理解しているのといないのとでは、コミュニケーションの深さはまるで違うものになるのです。

センターピンを定めろ

「和牛なんて素人に扱えるはずがない」と周囲から言われた話はすでに書きました。もちろん大手一次卸もいる。日本全国にたくさんの和牛に関わる業者がいる中で、新規で門外漢がビジネスをやろうとすれば、相当にハードルが高かったことは間違いないでしょう。

だからこそ大事になるのは、**センターピンをどこに定めるか**、ということでした。いろいろな情報を収集していく中で、わかっていったことがあったのです。それは、「海外での和牛ビジネスは始まったばかりで、まだ誰も儲かっていなかった」ということ。そして、海外で和牛を高く売る、外国人に高く買ってもらう、食べてもらうことはできていなかった、ということでした。

もちろん、その仮説は最初から持っていました。価値ある日本の和牛を世界に売りに行く。肉の巨大ビジネスはたくさんありますが、和牛という極めてセグメントされたニッチなマーケットでは、ビジネスはまだまだ活性化していない印象がありました。

だからこそ、たくさんの人に会い、いろいろな現場を見せてもらうことで、どうしてそうなっているのかを見つけに行ったのです。

言ってみれば、ビジネスのセンターピンをどこに据えるか、はっきりと定めるために情報収集をしていったともいえます。

準備の段階で確信したのは、「海外を意識するしかない」ということでした。**「海外に和牛を売る。しかも、海外で一番高く売る。外国人に一番食べてもらえる。そういう存在になろう」**――これを、僕の和牛ビジネスのセンターピンに据えよう、と。

特に、その当時、値段の高い和牛が苦戦しているという実情がありました。世界各地の牛と比較すると和牛は高すぎて売れない、と考えていたのかもしれません。高い和牛を売るノウハウが不足していたのかもしれません。いずれにしても、高い和牛は売れていなかったし、食べてもらえていなかった。

しかし、視点を変えると、**海外では高額な高級素材は決して珍しいものではありません**。世界のトップレストランでは、イタリアアルバ産の白トリュフ、ロシアのベルーガキャビア、フランスブルゴーニュのワイン、ロマネ・コンティなどびっくりするような値段のものがありますが、これは仕入れ値そのものがそもそも高いのです。ところが、最高級の和牛である神戸ビーフでもそこまでにはなっていなかった。

ワインのロマネ・コンティは15年前、僕が映画ビジネスをしてプロモーション用にと買ったときは一本25万円でした。それが今は軽く200万円を超えています。

実際にびっくりしたのは、**とりわけプライドが高くて自国のものが一番と思いがちなヨーロッパの友人たちが、神戸ビーフだけはブランドとして一目置いていたこと**です。レクサスが入ってきたときも、「たかだか大衆車のトヨタだろ？　ポルシェやフェラーリにはなれないよ」と日本車にはまったく関心を示さない彼らだったのに、「神戸ビーフ」という言葉を出した瞬間に、「神戸ビーフはすごいブランドだろ、一度は食べてみたいんだよ」という反応が返ってきたのです。

これは驚くべきことでした。あのプライドの高いヨーロッパ人が、外国製品を褒めるなどということは、まずないのです。改めて、神戸ビーフのブランド力と潜在力を認識しました。

可能性があるのに、できていない。ここにビジネスチャンスがあるということです。高い肉をもっと高く海外で売り、外国人に食べてもらえれば、生産者はじめ和牛を扱っている人に喜んでもらえる。

安い和牛を大量に売りさばく仕事は、僕ではなく大企業にもできます。ただし、神戸ビーフをフェラーリのように丁寧に売っていくことは大手ではなく僕しかできない。それは、和牛の未来にとっても、絶対にいいことだという確信がありました。

そうなると、必要な学びはまた変わっていきます。先に修業に行ったと書きましたが、僕は、自分で肉を切れるような状態になっていないといけない、と考えるようになっていきました。教えてもらってある程度切れるようになってからは、部位を決め、とことん切るようにしました。例えば腕のトウガラシという部位に集中して、２００本くらい切る練習をしました。部位的にはフィレに形状的にも似ているけれど、価格がとても安い部位です。これを自分で買ってきて、自分で切って、自分で焼いて、自分で食べるということを繰り返したのです。

そうすると、**切り方によって味が違う**ことがわかりました。繊維の場所、切る角度などで、味はまったく変わるのです。また**調理方法でもその存在感が変わる**。そして、牛一頭一頭それぞれ味は微妙に変わる。そのことをパッと見て、瞬時に判断できるようになるには、自分でとにかくやってみるしかないのです。それが、和牛のシェフになる、和牛の調理のプロになるということです。

なぜこんなことをしたのかというと、それはすべて、和牛を高く売るためです。僕は、直接、海外のレストランのシェフたちにアプローチをすることを考えていました。それを世界展開の足がかりにする。日本で和牛を食べてもらうきっかけにする。

彼らに**セールストークをするときに、その場で自分で切って焼いて試せるのと、それができないのとでは、説得力に大きな差が生まれる**ことはご想像いただけるでしょう。**第一に、和牛とい**

う食材を調理したことがないシェフを口説かないといけません。ヨーロッパの牛のように調理されては、和牛の良さは引き出せないからです。

もちろん、もともと料理好きだったとはいえ、いきなり専門料理のプロフェッショナルになることはできません。また、精肉のプロフェッショナルにもなれない。しかし、少しでもそこに近づくよう、コツコツと努力することはできる。その努力を、シェフたち、あるいは海外の精肉業者も間違いなく評価してくれると思ったのです。

日本では修業先、修業経験年数を問われますが、海外の名が売れたシェフは必ずしもそうではありません。「どこで勉強したの？」と聞くと、「独学で」「YouTubeで学んだ」「とにかく好きだったから」などという人も少なくないのです。

こうして肉を理解して、自分で切れるようになり、自分なりの調理方法が生まれたことが、独特の「浜田語」で話す説明とも相まって、自分の料理として五感に訴える姿に変わります。これが、後の「WAGYUMAFIA」で大きく生きてくることになります。和牛のシェフとしての他にないパフォーマンスが高い評価を得られるようになっていったからです。

和牛の買い方、売り方にも注意をしなければいけないと思いました。先に、VIVA JAPANで尾崎さんの尾崎牛を扱った話をしましたが、そのとき展開していたのは、パーツ（部位の塊）で買うビジネスでした。しかし、パーツで売ってください、ということになると売り手も売りにくいのです。

なぜなら、**パーツには限りがある**から。例えば、人気のフィレ肉は、一頭から4～6キロ程度しか取れない。フィレ肉だけ売ろうとして100本とか用意しようとしても不可能です。なぜなら人気部位なので、売る方はフィレ肉単体で売りたくないからです。

フィレ肉を欲しいときは肉屋とのよほどの関係性がない限りは、ロインと呼ばれるサーロインとリブロースのセットでの販売を余儀なくされます。そうすると、どうやって他の部位を売り切ればいいか、ということになってしまう。

僕は、後発として新規参入する立場です。であるなら、何をすべきか、何が求められているのか。それは、**相手に喜ばれる買い方をすること**です。それは、**一頭丸ごと買うこと**。これなら、売り手にとっても売りやすいし、何よりも**ジョーカーのカードのように一番強い買い方**でもあります。

利益率を高めていく、という上でも有効になると思っていました。パーツを右から左に流しているだけでは利幅は極めて薄いのです。しかも、ちっとも面白くない。いわゆる従来の卸事業には、すでにプレーヤーは山のようにいるのです。

では、どのようにして利益率を高めるのか。それが、一頭丸ごと買うことでした。**プライムパーツ（サーロイン、リブロース、フィレ）は高い金額で海外に輸出する、そして残されたセカンダ**

リーのパーツの係数値（各パーツの値付け）を変更することで、高い和牛でも利益を残せると確信したのです。

また、一頭単位で買うことで、他社よりも購買力を増すことができます。**生産者も一時卸もパーツ購入ではなくて、一頭丸ごと買う業者のほうが商売としては楽だから、最優先権利をもらえます**。そして最終的には、僕は、自分で店を展開して提供するという道を選択することになります。そこまでの紆余曲折は、後にじっくり語ります。

折しも政府が、農産物の輸出拡大目標を掲げていました。２０１２年に51億円だった牛肉の輸出を、２０２０年には２５０億円にまで拡大しようとしていました。これもきっと追い風になっていくと考えていました。

グローバルを狙え、ニッチ世界一を狙え

起業にもいろいろな起業があると思いますが、誰もが1兆円ビジネスを目指す必要があるわけではない。僕自身、そこには向いていないし、そうしたいとも思いませんでした。自分がやるべきはそこではない、と思っています。

これからは規模の経済を追う流れは弱まり、よりパーソナルな方向へと移行していきます。そこにフォーカスしていけば、ビジネスチャンスは大きく広がっていくと思うのです。**目指すべきは、ニッチカテゴリーで世界一になること**です。例えば、コーヒーの世界でバリスタチャンピオンシップの世界一になる。ソムリエで世界一になる。わかりやすく世界で通用するコンテンツで、世界一、つまり世界で一人だけという称号を目指すのです。

和牛というカテゴリーを選んだのは、3つの大きな特徴が和牛にあると感じたからです。**①参入障壁が非常に高い、②高付加価値である**。そして、**③模倣されない**。牛という食材は宗教上の理由がない限り、世界の多くの国で食されている。おまけに日本発の牛ですから、これからニッ

チカテゴリーでの世界一に十分に近づけると思ったのです。

ある元経営者にこんな話を聞きました。ものづくりのような大きなビジネスは、もう日本は難しくなっている。それはもう、世界の他の国がやればいい。日本がやるべきは、**超のつく高付加価値を作り出していくこと**。それが、この国の未来だ、と。

実際、すでに他の先進国では、そういう動きが静かに進んでいました。**小さな産地、小さなメーカー、ニッチ分野の商品が世界的に評価されていたりする**。扱っている量が多くないから、売り先を選ぶのです。だから、売ってもらえない。買いたくても買えない。そんな高付加価値なニッチ製品はたくさんあるのです。

福岡県の糸島にダグラス・ウェバーという元アップルのプロダクトデザイナーが住んでいます。彼は大好きなコーヒーという分野の、精密グラインダーという超ニッチなエリアにフォーカスしました。世界で一番優れて、高い超高精細なグラインダーをデザインし、台湾の工場に製造委託して全世界で売っています。

コンセプター、デザイナーは彼一人のみ。生産工場を持っていない彼が、世界一のコーヒーグラインダーを日本の糸島から売っているというのは、とても興味深いことです。彼が米国のクラウドファンディングサイト大手のindiegogoで発表した小型グラインダーには4億円を超えるお金が集まり、歴代のコーヒーアイテムで一番の支援額となりました。

白トリュフやキャビアの産地にも行きましたが、やはりそこにあるのは、徹底したこだわり、そして情熱でした。少なくとも言えることは、また本物の生産者、販売者などは、お金儲けのためだけにやっていない。それはいつも感じることです。

和牛について改めて感じたのは、やはり特別な位置づけにしておいてもらったほうがいい、ということ。少なくともアメリカの牛に比べれば、値段も高い。しかし、日常的に食べてもらうための肉ではないのです。シャンパンと同じです。ハレの日に食べる肉を和牛にしてもらえればいいのです。

輸出開始当初、アメリカではこんなに脂が多い肉を1ポンド（約450g）も食べられないと言われました。そんなときはこう答えました。「違います。**シャンパンと同じで、グラス1杯で幸せにできるお肉、それが和牛です**」と。だから一切れでもいい。逆に一切れでしっかり存在感を出せるお肉、それは和牛しかない、と。

日本発の世界を狙えるニッチカテゴリーは、他にもいろいろあるのではないかと思っています。**国内ではすでに競争の激しい市場＝レッドオーシャンでも、海外を見渡せば完全なブルーオーシャン＝競争相手のいない未開拓の市場、という商品はないか。**ぜひ、チェックしてみてほしいのです。そして、グローバルを、世界一を狙ってほしいのです。

高級和牛も、日本国内では需要と供給のバランスの中で、価格コントロールが入ってしまっています。このままでは、新しい市場が形成できない限りレッドオーシャンのままでしょう。

しかし、市場を海外まで広げて見てみると、とんでもないファンがいたり、その購買市場が広がっていたりする。

新規参入が難しそうなイメージのあるところにこそ、グローバルニッチの大きな可能性を秘めた産業があるかもしれないのです。

業界慣習にひるむな。誹《ひ》謗《ぼう》中傷に負けるな

どの業界にも、業界慣習のようなものがあります。映画でもシャンパンでも葉巻の世界にもある。そして、そこから生まれている**画一化された仕事の流れ**があるものです。

先に、和牛ビジネスのレイヤーをご紹介しましたが、新規参入者がやらなければいけないのは、**そのレイヤーではない新しいレイヤーを発想すること**です。なぜなら、すでに既存のレイヤーにはプレーヤーがたくさんいるからです。

そこに入ろうとしても、摩擦を引き起こすだけです。だから、業界慣習や既存の仕事の流れにひるまず、そうではない新しいレイヤーを作る意識を持つのです。

業界の中には、**「このままではいけない」「新しい何かを生み出したい」と思っている人もいます。こういう人は、必ず新しい動きを歓迎してくれます。**きっと協力してくれます。

そのためにも必要になるのが、**わかりやすいビジョン**です。

僕の場合は、**「和牛を世界に紹介する」「和牛の高い価値を認めてもらう」というビジョン**を据えましたが、数字でも作っていました。250億円の牛肉の政府目標輸出額のうち、トップ5%

を担う。シェアで20％。市場価値でいえば、50億～100億円。

大手の一次卸なら3000億円、1兆円、といったスケールの売上高を持っていますが、目指すのはそこではない。一次卸を目指すつもりもない、ということです。

実際、和牛だけのビジネスとなれば、こんなに大きなビジネスにはならないのです。だから、新規参入者として目指す価値がある。すでにある会社とも、まともに真正面からぶつかるようなことはなくなります。

重要なのは、**新しいマーケットを創造する意識を持つこと**です。例えば和牛なら、僕はこんなことを考えるようになっていきました。

ざっくりの数字ですが、僕が例えにする数字遊びがあります。日本には400万頭の牛がいます。これはいろいろな牛が含まれていて、このうち40万頭が和牛です。そしてこの1割、約4万頭がブランド牛です。さらにこの1割が、約5000頭の神戸ビーフです。

ざっくり国内40万頭いる和牛の中でのトップティアの5000頭（月々400頭）を扱うビジネス圏を国際的に作り上げることです。

つまり、**日本の牛の、0・01％**。僕が握りたいのは、これだけなのです。しかも、グローバルマーケットを目指す。これだけなら、業界とぶつからず、いけるかもしれないと考えたのです。

こうした数字は、実は公開されていません。政府が発表しているのは、トン数だからです。金額ではない。品質も関係ない、冷蔵、冷凍でもどうでもいい、とにかく物量を輸出できれば、それでいい、と私には思えました。いかに高い牛を売ろうが関係がない、というのが政府の方針なのではないか、と。

しかし、ヒアリングすれば数字も手に入れることができます。いろいろな人が、いろいろな思いを持ち、いろいろな情報を持っているのです。

ある意味わかりやすいのは、**業界が最も苦しんでいそうなところ、一番難しいと考えていそうなところに挑む**、というのは、ひとつのやり方です。

業界の中に、いろいろなルールやしがらみがある中で、一番難しいところを担いたいと手を挙げたら、業界はラクになるかもしれない。また、誰も担えていないところも同様です。

僕の場合は、海外がそうだったのです。たくさんの情報を収集し、たくさんの人に会う中で、ジグソーパズルのピースが埋まっていないところは、ここなんだな、ということが改めてわかっていきました。それがたまたま自分が得意なところ、やりたいところと一致したのです。

そして、自分がこの業界のことを本当に愛しているんだ、という取り組みをしっかり続けていると、徐々に周囲も応援してくれるようになります。最終的には、業界の中での仲間を増やしていくことが重要になるのです。

中には敵対してくる人もいないわけではありません。「肉のことをわかっていないのに」と言われることもあります。でも、そこに刃向かっても仕方がない。だから、激突したりしない。そんなことをしても、何の意味もありません。

激突すべきは、ポジティブな情熱同士です。**未来を視ている人とのディスカッション**です。業界の慣習とぶつかっても、何も生まれない。慣習は簡単には変えられないので、新しいマーケットを創出していったほうが早い。もとよりこちらは武器もないし、資金もない。時間もないのです。

実際には、厳しいことも起こりました。例えば、知らないのをいいことに、最初の頃は、ずいぶんふっかけられ、高値づかみをさせられました。例えば、輸出の国際送料を現在の数字の3倍くらいに設定されました。海外への送り方なんて、素人にはわからないわけです。

しかし、それもまた授業料のようなものです。だからこそ、業界の中で学びを深め、知識をつけていかないといけないのです。

今は親しい生産者が何人もいます。実際のコストをよく知っているわけです。だから、最初の頃に、どのくらいボラレたのかもはっきりわかります。

ただ、僕にふっかけてきた人の気持ちもわかります。最初、冷やかしで業界に入ってこようとして、すぐやめてしまう人もいるのです。ある意味での参入障壁のひとつだったのだと思っています。だから、それほど心配することはないと思います。

圧倒的な情熱がある人を見つけよ

たくさんの業界関係者に会いに行きましたが、僕がひとつ意識していたことがあります。それは、できるだけ**トッププレーヤーの言葉を聞きに行くこと**でした。生産者しかり、飲食店しかり、卸しかり。和牛で成功している人、うまくいっている人、当てている人。

その分野で最も詳しく知っている人でなければ、見えてこないことがあります。まずはこうして、ベテラン経験者の声を蓄積する。

先に素人発想で始めよ、と書きましたが、**玄人の意見を集めた上で素人発想をする**のです。素人発想だけでは確度が高められないことが、玄人の話を聞いた上であれば、高めることができる。

僕は、**サウンディング**（**SOUNDING**）と呼んでいますが、**一流の人たちの話を聞いているうちに、自分なりのストーリーができあがっていく**のです。

僕の場合であれば、映画やエンターテインメントのバックグラウンド、ブランディングのバックグラウンド、座学でのアカデミックのバックグラウンド、付き合いのある海外のシェフの言葉など、いくつかの軸が組み合わさった、自分なりの和牛のストーリーが作れるようになると考えていました。

そしてもうひとつ、何が起こるのかというと、この**業界におけるキーマンの存在が見えてくる**のです。行く先々で、出てくる名前がありました。どうやら、和牛の世界で誰よりも情熱を持っている人。そういう人の存在が見えてきたのです。

和牛の世界を調べていって、実は、はっきりとわかったことがありました。僕には和牛は買えない、ということです。もっといえば、和牛を売ってもらえないのです。なぜなら、と畜してもらえないから。と畜は、一定の枠が決まっているのです。

業界では「つぶす」と言いますが、と畜の枠がなければ、牛を買っても解体することができないのです。それができないなら、生産者は売っても意味がない。

しかも、つぶした牛を海外に持って行くためには、輸出の枠がありました。この枠を手に入れないと、海外にお店を作っても、輸出をすることができないのです。

権利はすでに、いろいろな既存の企業や個人が持っていました。では、今から和牛を買えるようにするには、どうすればいいか。どこかから、その枠を分けてもらうしかない。その枠を使わせてもらうしかない、ということになるのです。

要するにこれこそが、「和牛なんて素人に扱えるものではない」という壁だったわけです。しかし、この壁について、一般の人は誰も言及しなかった。誰も知らなかったからでしょう。なぜなら、誰もここまで調べ上げて、挑んだりはしなかったから。

しかし、僕はここまで来たのです。これこそが、カラクリを見破った、と書いた理由でもあります。解決策はシンプルだからです。

僕が決めたのは、**一番強いところと組む**、ということでした。和牛の世界で誰よりも情熱を持っている人、トップププレーヤーたちの誰もが名前を挙げた人物に、僕は頭を下げに行ったのです。それが、兵庫県にあるエスフーズ社の社長、村上真之助さんでした。まさに、和牛の世界のトッププレーヤー中のトッププレーヤーでした。僕が扱いたいと思っていた、神戸ビーフについての輸出枠も持っていました。

村上さんに会ったほうがいい、と紹介をしてくださったのは、尾崎牛の尾崎さんです。村上さんには、大阪の南港の競りで会いました。事前に調べてみると、和牛といえば村上さん、という立志伝中の人物。一代でエスフーズグループを作られた人（2023年2月決算で売上3992億円）。中には、村上さんを「畜産のドン」と恐れていた人もいるようです。でも、僕はこの人しかいないと思うようになりました。

僕はカフェグルーヴ時代、映画ビジネスをめぐって大手映画会社と戦ってこてんぱんに負けたことがありました。古い業界ですから、やっぱり大手が強い。だから、絶対的に強いところ、一番強いところと組むことを決めていたのです。そして、端的にお願いをしました。大阪・南港市場の職員食堂、６００円の焼肉定食を一緒に食べながら、僕は自分のアイデアを語りました。

海外では和牛が高く売れていないと聞いている。海外については得意だ。海外のシェフもたくさん知っている。もっと和牛の価値を世界に認めさせたい。もっと高く売りたい。海外にしか興味はない。最高ランクの和牛だけを売りたい。だから、海外をやらせてほしい……。

もちろん、即答があったわけではありません。その後、僕の素性は丸裸にされていったのではないかと思います。どんな人物か、見極める必要があったはずです。スタートしたはいいものの、途中でやめられてしまっても困る。本気なのかどうか、しっかり調べられたのではないかと思っています。

このとき持っていったプレゼン資料のひとつが、ビデオ映像でした。僕はずっと映像に携わっていましたから映像の持つインパクトはよく理解していました。

それまでにトッププレーヤーたちに会いに行くとき、ビデオカメラを必ず持っていったのです。自分なりに重要なところを編集し、その場でお見せしました。

「一人でこういう映像作ったのか。うまいもんやなぁ」

そんな言葉をもらったことを、今でも覚えています。

ここから僕は何度も村上さんのもとに通うことになります。そして、過去の自分について話すと、こんな言葉までもらいました。

「仕事で失敗したっちゅうても、そんなんは、足をくじいたくらいなもんやろ。本気でやれば、必ず勝てる」

初めて会ってから半年ほど経ったある日、電話がかかってきました。答えは、ＯＫ。ただし、こう言われました。

「浜ちゃんにも賭けるけれど、全員に賭ける。特別扱いはしないということだ」

そして、話はこんなふうに続きました。

「長いことやってきたプロとやるわけだから、業界の人間と戦えるくらいの知識は一人でつけて、戦えるようにしないとあかん」

「一人でやったらいい。経験を積んだらいい。強い者が勝つ業界だ。簡単やで、１キロでも多く高く売った人間が勝つ。難しく考えるな」

こうして、僕は生産者と直接やりとりをして、和牛を扱えるようになりました。もし、「輸出枠を出す」と言ってもらえなかったとしたら、僕は和牛の仕事をすることはできませんでした。

和牛の業界のキーパーソンと呼ばれている人から、なぜまったくの門外漢の僕が、大事な枠を出してもらえたのか。

毎日のように今もコミュニケーションをしているので、改まって聞いたことはありません。しかし、何より大事だったのでは、と思うのは、**「こいつは本当にやる気があるのか」**という点だったのではないかと思っています。

村上さんは和牛に命を賭けて生きてきたような人です。僕自身が、和牛に命を賭けようとしているか、そこは見られたのだろうと想像します。

僕は彼のような人がいると知って、和牛をますますやりたくなりました。どうしてもやりたくなりました。僕は何より情熱のある人と仕事がしたかった。心を殺すような仕事だけは絶対にしたくなかったからです。

今も彼と話すと、和牛の話ばかりです。全世界いろいろなところに一緒に行っていますが、ずっと和牛の話。エアポートでのランチも肉。一緒に食べに行くのも和牛。和牛が大好きなのです。和牛に対しての情熱が、ありえないくらいに高いのです。

単純なように聞こえますが、なかなかできない。**情熱を持ち続けようと思っても、なかなか持ち続けられないものです**。僕もそうありたいと思っています。

日本の価値に気づけ

子どもの頃に海外に長く暮らした経験があるから、ということもあるのかもしれませんが、**日本の価値は世界にまだまだ知られていない**、とずっと感じてきました。

もっといえば、**日本の価値、日本人の価値を、実は日本人自体が気づいていない**。それは島国の、閉ざされた国だからなのかもしれません。

例えば僕は、海外に行くと、ちょっと落ち着いている自分がいたりします。なぜなら、不自由だから、ある程度、諦めている自分がいるからです。

日本ほど便利な国はありません。そして、それが当たり前になってしまっている。例えば、日本でコミュニケーションをしていて、ちょっとでもヘンだな、と思ったら、「大丈夫かな、この人は」と思われてしまったりする。実はこの感覚が、すでに日本人なのです。

アメリカでは、**「伝わらないことが基本」**です。そして、こちらのほうが、世界のスタンダードなのです。

日本は、食のレベルも圧倒的です。世界的な食通、食のために世界を飛び回っている食通のことをフーディーといいます。そんな世界の友人がたくさんいますが、彼らが口を揃えて言うのは、**「日本にはまずい店がない」**。小さな街の小さな食事処ですらおいしい。食の競争が激しく、価格競争をすぐにするが、クオリティも高いし、値段も世界の大都市の半分以下。どこを持っていってもニューヨークでもパリでもロンドンでも大ヒットするに違いない。

彼らは本気でそう思っています。しかし、これもまた、日本人が気づいていないことです。

後に詳しく書きますが、僕は世界95都市でWAGYUMAFIAを知ってもらうためのワールドツアーをやってきましたが、長い海外ツアーから戻ってくると、僕が必ずやることがあります。東京・渋谷の道玄坂にある、界隈の**小さな店を横丁ライクにハシゴする**のです。焼き鳥を食べ、チキンカツを食べ、寿司を食べ、最後にラーメンを食べる。4店舗全部がおいしいし、飲んで食べてこの4軒をまわって、一軒だいたい1000~2000円。

こういうお店を毎日利用している方は、これが当たり前だと思っているのですが、世界のどこに行っても、こんなにクオリティが高くて安い金額で、なおかつタクシーに乗らずに小さな名店をハシゴできる都市は存在しないのです。

こんなに安くおいしいものが食べられる国は、世界広しといえど、日本しかない。しかも、それが大都市である東京でもできるわけです。

日本人は、似たような人たちとつるんで過ごしがちです。同じ高校、同じ大学、同じ会社……。ムラ化するのです。なぜかというと、そのほうがラクだから。しかし、これをずっとやっていると、どんどん刺激を失っていきます。本当の現実も見えなくなっていく。

ニューヨークの何が凄いのか。いつもキラキラしている街ですが、それは、ニューヨークには新たに入ってくる人たちも多いし、ニューヨークから弾き飛ばされていく人も同様に多いからです。それだけ**競争環境がフレッシュな状態で維持されている**。それがニューヨークらしさを100年以上にわたって維持している最大の理由でしょう。

僕は幼少期、大学教授だった父の仕事の関係で、引っ越しを20回くらいしています。海外にも行きました。どんどん新しい環境に放り込まれました。

これも後に書きますが、僕は世界ではVIPと呼ばれる人たちと次々に親しくなりました。どうしてこんなことができるのか、ときどき問われることがあるのですが、それは子どもの頃から「英才教育」を受けてきたからかもしれません。よく父にこんな言葉で脅かされていたからです。

「この2週間で友達ができなかったら、君はこのホテルでずっと独りぼっちだからね」

今から考えると突き放したような言葉ですが、父はそうやって**内気だった僕をどんな環境でも**

コミュニケーションしていく人、コミュニケーションできる人へと育てていったのかもしれません。以来、僕はすぐに誰とでも打ち解ける力を身につけたようです。

東京は、横浜圏、千葉圏、埼玉圏を含めたメガロポリスで考えると約3500万人を擁する世界最大の市場です。インドのムンバイを超えるほどの都市圏になっています。

だから、どうしても、国内市場、単視眼的な目で考えてしまいがちです。

例えば、コーヒー店を作るとする。そうすると、とりあえず東京の人気スポットで作ることから発想してしまう。そして、すでに飽和したレッドオーシャンになっているビジネスで、価格競争に追い込まれてしまう。

最初から、世界10都市に作る、といった発想はしないのです。そのために、世界の人気スポットに小さなお店を作ってフラッグシップとしてPRする、といったことも考えない。

夢の描き方も、なかなかグローバルにはならない。だから、グローバル視点での価値に気づけない。視点をもっと高めてみると、まったく違った日本が見えてくるのです。

グローバル視点で真実の価値に気づけないことこそ、日本人の弱さです。逆に、ここに気づけると宝の山が見えてくるのです。

ただ、食に関しては、ガラパゴス化が良かった数少ない例かもしれません。だから面白い世界になっていった。海外からの観光客は、夫婦のみが切り盛りして圧倒的なメニューを出す、見たこともない極東の小さなレストランに感動するのです。インバウンドの観光客の渡航理由ナンバー1は、まぎれもなく日本の食の魅力です。

国内マーケットが大き過ぎるために、見えてこないものがあることに気づくことです。逆に言えば、日本で世界を目指したら勝てると僕が思う、シンプルな理由があります。

アメリカ人で世界を目指す人はたくさんいます。フランス人にもたくさんいる。韓国はマーケットそのものが小さいので、まず世界を目指すことが当たり前です。

ところが、**日本人はなぜか世界を目指さない**のです。世界クオリティのものがたくさんあるのに、言葉の問題、島国の問題、ローカルマーケットの大きさの問題など、いろいろな問題から、世界を目指さない。

実際、和牛だって、これまで世界を本気で目指そうとしている人はいなかった。でも、だからこそ、僕のような人間が通用するのです。今まで日本人が目指さなかったからこそ、門外漢にもチャンスがあったのです。

アメリカだったら、もっとガツガツいかないといけなかったと思います。そもそも、もう隙間はなかったかもしれない。しかし、**日本には、そんな奇跡の「隙間」はまだまだたくさんあるの**

です。

インバウンドの拡大で、海外に通用することに気づいた人も少なくないと思っています。

このとき、僕が強調したいのは、「じゃあ、留学してイギリスで」「まずはアメリカに学びに行こう」ではない、ということです。

日本にいながら、世界を目指すことができる時代だから。日本のプロダクトを使って、**日本のアイデアを使って。日本にいながらにして、世界のマーケットに挑戦できる。**そんな時代が来ているのです。そこに早く、多くの人に気づいてほしいと思っています。

あえて投資をお願いせよ

たった一人で、と書いてきましたが、ひとつだけ、そうではないことがあったことを、書いておかなければいけません。お金のことです。僕が和牛ビジネスを進めることができたのは、僕に投資をしてくれた、たくさんの方々の力添えがあったから。もし、これがなかったら、僕は和牛ビジネスを実現させることはできませんでした。

応援してくださった方々、投資してくださった方々には、心から感謝しています。そして、この方々のためにも、僕は絶対に和牛ビジネスを成功させなければなりません。

先にも少し書きましたが、僕には2つの会社がありました。ひとつは映画やエンターテインメントのビジネス、飲食や物販の事業を手がけていたカフェグルーヴ。そしてもうひとつが、eコマース事業を手がけるVIVA JAPANです。

エンターテインメント事業に関心を持ってくださったり、デジタル領域に強かったこともあり、カフェグルーヴ時代から、僕はいろいろな方に投資をいただいてきました。そして、先にも書いたようにこの会社を僕は揺るがせてしまうことになるのです。

和牛ビジネスを最後に選択したとき、僕が考えたのは、VIVA JAPANを会社として存続させ、eコマース事業から切り替える、ということでした。そして、カフェグルーヴの株式をVIVA JAPANの株式に転換させてもらう。そうすることで、カフェグルーヴに投資していただいた方にもご迷惑をかけないようにすることを考えました。

カフェグルーヴは、債務を残して民事再生という選択をしました。ただし、個人は破産しませんでした。僕には債務保証人として2億円近い借金が残りました。これは今も個人で返済を続けています。

和牛ビジネスをスタートさせるにあたり、すべてをまっさらな状態にしてスタートさせたほうがいい、という声も周囲にはありました。会社もつぶし、自己破産もしてしまえば、ゼロからスタートできる。負債にも追われることはない。

しかし、僕にはこの選択はできなかった。なぜなら、僕に投資してくださった方々にご迷惑をおかけしてしまうことになるからです。それだけは、僕の本意ではありませんでした。なんとしてでも、それは避けたかった。

しかし、これはあくまで僕の勝手な考えです。エンターテインメント事業だから、eコマース事業だから、僕に投資をしてくださっていた方もたくさんいました。コラボレーションを期待して、投資してくださっていた方もいました。

株式を転換させたり、会社をつぶさずに残すといっても、事業はまったく違う和牛ビジネスになるのです。僕は事情を説明するためにいろいろな方に会いに行きました。和牛という新しいビジネスに転換したい、引き続き支援をお願いします、と。

快く理解してくださった方もおられました。ただ、残念に思われたり、不快感を持たれた方も少なくなかったと思います。

投資をいただくというのは簡単なことではないのです。僕を信頼してくださって、投資をくださっていたのです。その信頼を、僕は踏みにじってしまうことになってしまった。謝っても、謝りきれませんでした。

しかし、その一方で、VIVA　JAPANも資金は底をついていました。和牛ビジネスをスタートさせるだけの資金はありませんでした。僕は新たな投資を募るしかありませんでした。VIVA　JAPANに、和牛ビジネスに投資をしてほしい、と僕は新たな出資を求めて奔走《ほんそう》することになりました。

ひとつの会社を民事再生させた人間です。こんなヤツを信じていいのか、と思われる方も少なくなかったと思います。しかし、僕は必死でした。もう、この事業で生きていくしかなかった。そして、どうしてもこの事業がやりたかった。日本の和牛を世界に届けるというビジネスは、誰かがやらなければいけないビジネスだと思うようになっていたのです。

僕にできることは、その思いをぶつけることだけでした。そうすることで、支援してくださる方を見つけるしかなかった。

しかも、この期に及んでも、僕にはこだわりがありました。出資をしてもらうのは、誰でも良かったわけではなかったから。僕は、**和牛ビジネスの可能性に賛同**してほしかった。このビジネスの可能性が響く人に出資してもらいたかった。もし可能であれば、投資のみならずビジネスを支援してほしかった。そういう人に、出資をしてもらうことを考えたのです。

もちろんハードルは高かったと思います。結局、最後は熱意と覚悟だけしか、僕にはありませんでした。完全に背水の陣でした。これで失敗したら、僕はもうそれなりの規模のビジネスは追わないと考えていました。

そんな僕に20人以上の個人の方が、新たな出資を決めてくださったのです。

僕に提供できる見返りは、その時点では何もありませんでした。経営者としてそれまでできなかったことは、ＩＰＯなりのエグジット戦略が立てられていなかったことでした。それでは、投資してくれた人や一緒にやるスタッフにも失礼になる。エグジットさせるかどうかということ以前に、それができる会社にしなければいけないと思っていました。

ただ、どういう見返りがあるのか、問う人のほうが少なかったのです。お金を儲けたいというよりも、僕の夢に賭けてくださったのです。その事業は面白い、ぜひ頑張ってくれ、と。これは本当にうれしいことでした。

そして、事業がスタートした後も、さまざまに力を貸してもらうことになりました。情報をくださったり、取引先を紹介してくださったり、店に来てくださったり。厳しいご指摘をいただいたりすることもありましたが、それもまた学びでした。何より、応援してくださる気持ちが、僕にとっても大きなパワーとなりました。

何をセンターピンにするか、揺らいでいた僕に、ずばりとアドバイスをくださった方がいました。いろいろな事業アイデアを出してくださる方がいました。たくさんの人を紹介してくださった方がいました。

だから、もし一人で事業をスタートさせることになったとしても、**同じように事業に賛同し、夢に賭けてくださる出資者を募ることを僕は勧めます**。個人の出資者です。友人でもいい、先輩でもいい、恩師でも取引先の社長でもいい。

それこそ極端な話をすれば、高級食材のビジネスでも、元手が数百万円もあれば、スタートはさせられるのではないかと思います。それでもあえて、投資を募る。応援してくださる仲間を募る。それは、ただお金を投じてもらっているという以上のものを、もらえるからです。力を貸してもらえるからです。夢に協力し、夢を一緒に追いかけてもらえるからです。そういう存在がある、というだけで、どれほど元気づけられるか。どれほどのパワーになるか。


起業時の資金調達は、昔に比べれば、難易度が低くなっているのも事実です。ベンチャーキャピタルは出資先を探しています。そうした形で投資を受けるのも、ひとつの方法です。

ただし、組織による出資には、資本政策についてそれなりに理解していないと「事業を理解していない人にコントロールされる」というリスクがあることも認識したほうがいいと思います。

実は、僕も当初は国のファンドによる支援を受けることも考えていました。和牛を世界に輸出するから、と官民ファンドに支援を要請したことがありました。国として素晴らしい事業だからお金をください、と。しかし、まったく相手にされませんでした。

今もよく覚えていますが、担当者からはこう言われました。

「日本ハムや伊藤ハムができていないのに、どうして浜田さんみたいな個人ができるんですか。

証明してから来てください」

門前払いのようなものです。しかし、役人から見たら、たしかにそうだったのでしょう。僕は後に、それを証明してやろうと村上さんの力を借りて、ヨーロッパへの輸出を始めることになります。

ただ、結果的には受けなくて良かったと思いました。後に知人の投資のプロフェッショナルからも、受けなくて良かったと言われました。投資を受ければ、一人ではできなかったはずだ、と。人も雇わないといけないし、おそらく僕が考えていたような仕事はできなかったと思う、と。

また、クラウドファンディングという方法をイメージしている人もいるかもしれません。僕も実際に、クラウドファンディングのお世話になりました。ただ、注意しなければならないのは、クラウドファンディングでは、きちんと実利のリターンがなければ難しいということです。また、大きな額の出資は簡単なことではない。

だから、これも後に詳しく書きますが、僕はお店に関わる部分を中心に、しかも広告宣伝やマーケティング、プロモーション、ブランディングを意識して、クラウドファンディングを使いました。

人にお金を出してもらうには、自分にもそれなりの自信がなければなりません。やろうとしていることに対して反対され、これではできない、と自分でもし思ってしまったなら、それはやるべきではない。そのことに気づかせてもらうという点でも、投資を募ることは意義のあることだと思います。

そして事業を進めていくとき、その思いをしっかりと理解してもらえている応援者がいることが、どれほど心強いか。僕は改めて今回、認識することになりました。だから、そういう人にお金を出してもらったほうがいい。口も出してもらったほうがいい。なおかつ、応援してもらったほうがいい。これは、事業を進めていく上で、これだけの人に応援してもらえているのだ、という自信のひとつにもなります。

何より**その人たちに迷惑をかけるわけにはいかない。恩返しをしないといけない。想いを背負うということ、その強い気持ちが、事業を推し進める上で本当に大きな力を与えてくれる**のです。

第2章

ウルトラ・ニッチにフォーカスする

意外なヒントに気づけ

　１９８０年代、幼少の頃から父親の仕事の関係で、僕はずっと東南アジアとオセアニアで過ごしていました。あちこち転々として、日本に戻ってきたのが、小学校４年のとき。海外で過ごした経験は、後の人生に大きな影響を与えました。

　料理好きになったのも、そのひとつです。発展途上国ですから、家族で外食する、なんてことはなかなかできない。どうするのかというと、父親がどこかのレストランで食べてきたおいしいものを、家で再現するのです。家族総出で市場に食材を仕入れに行って。

　大学教授だった父の給料はそれほど多くないですから、マレーシアでもオーストラリアでも、知人が家に来るときには市場で現地の食材を買って、母が料理を振る舞っていました。ピアニストを目指した母は、アーティスティックな人で、とても料理が上手でした。

　それを見て、自分でも料理をするようになりました。家のキッチンがテストキッチンのようになっていて、「ああでもない、こうでもない」「ここはこうしよう」などと母と一緒に作るのです。おいしい料理がとても身近にあった。これが僕の食との出会いになりました。

父は厳しい人で、何をやるにも簡単にお金を出すような人ではありませんでした。欲しいものがあったら、自分で小遣いを貯めるか、アルバイトするしかなかった。高校1年の夏、肉体労働のアルバイトで30万円ほど貯めました。それで、当時流行っていたAVコンポを買おうと思っていたのですが、父にこう言われました。

「僕の講演料は1時間50万円だ。君の2カ月分は、僕の40分ほどだということだ」

経済学者なので難しいことを言うのです。

「**君の年で資本経済に投資する必要はない**、なぜ1時間50万円で講演ができるかといえば、発展途上国の経済発展論を英語で、しかも日本人で説明できる人間が僕しかいないからだ。なぜ、そうなったか。それは、**君の年に自分に投資をしたからだ**」

そう言って、アルバイト代で航空券を買い、ニューヨークにいる父の元ゼミ生に会いに行くように言われました。

「僕は40代でニューヨークに行って感動した。今の時代、君の年齢で行ったらものすごく感動すると思う。夏休みが明けて高校に戻って、東大を目指すのも構わないが、ちょっと行ってきたらどうだ」

1990年代前半のニューヨークは、治安が今ほど良くありませんでした。父の元ゼミ生の投資銀行マンと、その彼女の中国系アメリカ人のフォトグラファーと結果的に2カ月間、一緒に過ごし、僕は想像もしていなかったニューヨークライフを味わうことになります。

音楽、ファッション、自由、ときどき聞こえてくる銃声とサイレン。海外に住んだことはありましたが、発展途上国とは、まったく違っていました。これがアメリカなのか、と思いました。のほほんと進学校に進み、日本の最高学府を目指すことが、一番の人生の目標と思っていた僕にとって、全身の力を込めて両頬をひっぱたかれたような衝撃でした。すぐにでもアメリカで暮らしたい、と思いました。

それまでは、日本の最高学府に行きたい、大学受験に向けてしっかり勉強したいと言っていたのに、アメリカの衝撃を感じてからそんなものは意味がないものだとすぐに感じました。日本に帰国してすぐに、アメリカに行きたいと父に言いました。高校に戻っても、受験一色で画一的な空気に馴染めなくなっていきました。しかし、父はお金は一銭も出さない、と言います。勝手に自分で行ってくれ、と。

そこで、留学する方法を自分で探し出しました。交換留学生のプログラム「インターナショナル・フェローシップ」です。高校2年のとき、ここに合格するのです。

このときの僕は、日本で勉強もスポーツもそこそこできて、天狗になっていました。だから、行くならアメリカで最も大変なところ、日本人のいないようなところに行ってみたいと思いました。

そして選んだのが、南部のアラバマでした。当時大ヒットしていた映画『フォレスト・ガンプ』。あの舞台は僕が理想にしていた古き良きアメリカそのものでした。何も考えずにその映画一本で、アラバマを選びます。そして、ここで強烈な洗礼を受けることになります。

英語は南部訛りで通じない、そもそも聞き取れない。友達ができない。バスケットボールをやっても、プロに行くことが決まっている選手も普通にいて、まったく通用しない。走っても勝てない。歌でもダンスでも、存在するすべてのことで得意な生徒には今までに経験したことがない異次元の敗北を喫しました。

僕は、アラバマの高校に交換留学生として通いました。結果的に、成績が認められ奨学金をもらい、卒業後、1995年にアラバマ州立大学ハンツビル校に進学しました。

ハンツビルはNASA（アメリカ航空宇宙局）の基地があるところで、当時としては珍しく光ファイバーが整備された街でした。ここでインターネットに初めて出会って、僕は勉強もせず、インターネットにドハマりし、寝ないでプログラミング漬けの生活を送っていました。

このままだとドロップアウト確定というタイミングで、再び僕にとっての原点、ニューヨークに戻り、インターンシップで、ニューヨークのキタノホテルという北野建設が経営しているホテルにてしばらく働かせてもらうことになりました。そして、そこで貯めたお金で一度、日本に戻ってきたのです。

20歳で帰国しましたが、すぐにでもアメリカに戻りたかった。一方で、頭の中はインターネットで頭がいっぱいで、何かやってみたい、と始めたのが映画のメールマガジン「シネマカフェ」の発行でした。

それをたまたま読んでいたのが、ソニーの人事の方で、「映画がわかって、英語ができる人を探している」と誘われ、ハリウッドのデジタルシネマビジネス開発チームにプロフェッショナル採用枠で入社することになりました。いわゆる嘱託《しょくたく》採用で、本社勤務では最年少の社員でした。

またアメリカに戻るつもりでしたが、まずはお金がないと戻れない。ソニーは大企業であり、年俸もとてもいい額を提示いただいたので、日本企業も見ておいたほうがいいかな、と思って入社しました。でも、いろいろなことの決定のプロセスが複雑すぎて馴染《なじ》めませんでした。

上司からは10年はこのポジションは安泰だと言われましたが、僕が思ったのは、それでは11年後に困ることになるな、ということでした。結局、1年で会社を去ることを決断しました。

ソニーでは映画事業に携わっていましたから、スティーブン・スピルバーグにも会いましたし、ジェイムズ・キャメロンにも会いました。もともとはコロンビア・ピクチャーズを率いていたトップ、ジェフ・ブレイクの自宅に行ったときはびっくりしました。

スプリンクラー代だけで1カ月120万円。本来、コロンビアはソニー・ピクチャーズになったはずなのに、一切ソニーの名前は出さず、名刺も古いコロンビア・ピクチャーズのまま。ハリウッドのプライドだなぁと若いながらに妙な感動をしたのでした。

スタジオ内も、人が歩くところはすべて大理石。ハリウッドというとんでもない世界を知ることができました。人に夢を見させるエンターテインメント、ショービズの最高峰の世界を垣間見る、いい経験をさせてもらったと思っています。

メールマガジン「シネマカフェ」を作るとき、僕は個人事業主になっていました。ソニーを辞めた後、これを法人化したのが、カフェグルーヴです。

当初はちょっとした広告収入しかありませんでしたが、「シネマカフェ」で映画会社に出入りするようになると、僕の中で浮かんだのが、映画のチラシをデジタル化してインターネットのホームページとして情報を掲載することでした。この事業が大ヒットしました。

当時はそれを手がける会社がなく、ライバルがやってくるまでは、独壇場《どくだんじょう》になりました。映画のチラシからホームページでの宣伝へ。制作費は1タイトルあたり200万〜500万円程度で、大きな利益を手にすることができました。

一方でインターネットメディアをいくつか立ち上げ、映画館の座席指定ができるモバイルオンラインチケットのサービスを立ち上げたり、幕間《まくあい》の広告のデジタル広告化に取り組んだり、と世界に先駆けた取り組みをいろいろと進めていました。

そして最終的に思うようになっていったのが、**自分が買い付けてきた映画を配給していきたい**、という思いでした。

最初に買ったのがフランス映画で、その後もカンヌなどに頻繁に行き、8割はフランス映画を買い付けました。ただ、日本人が買うとなぜかフランス映画は高いのです。メキシコに映画を販売するときと、日本に販売するときでは、価格が10倍も20倍も違うのです。

どうしてメキシコの値段で売ってくれないのか、と聞いてみると、マーケットの違いだ、など と口を濁される。要するに、カモられているのだと僕は思いました。

実際、日本の大手映画会社や大御所の買い付けチームは、大変な接待を受けていました。パリやカンヌでフランス料理を食べ、シャンパンを飲み、葉巻を吸って大歓待されているのです。なるほどそうか、と思いました。逆にこっちが大接待をしたら、もっと安く映画が買えるのではないか、と。

そこで、後に表参道に作ったのが、会員制のフレンチレストラン「COPON NORP」です。

これは、「NO POPCORN」という言葉のアナグラム（文字をいくつか入れ替えて別の意味を作る言葉の遊び）です。フランス人には大ウケしました。

さらに、シャンパンや葉巻を扱うビジネスもスタートさせました。この3つがセットになったほうが、喜んでもらえると思ったからです。フランスの映画関係者を、ここで大歓待しました。

業界の先輩たちは、苦々しく思っていたと思います。怒られたこともあります。日本人バイヤーとしての全体の価値観が下がるからやめてくれ、と。このとき感じたのは、日本人は「海外でこれをやってはいけない」と教わったことを忠実に守ってしまう、ということです。でも、それでは何も変わらないのです。

こちらに有利に交渉しようと思ったら、あの手この手で売り込んでいくしかない。競争が激しくなっているなら、なおさら。同じやり方をしていて、うまくいくとは限らないのです。

映画の配給は楽しい仕事でした。権利関係の勉強もできましたし、外国人との交渉ごともよく勉強することができました。そして、だんだん**僕がこだわり始めたのが、日本にとって意義あることをすること**でした。それが、**ドキュメンタリー映画の配給**でした。しかし、ドキュメンタリー映画は、ヒットさせるのが難しかった。

最後の5作品は、すべて食のドキュメンタリーでした。その一つが、『フード・インク』。

2007年のことです。

日本語に直訳すると、「株式会社食べ物」。実は自分たちが食べているものは、すっかり工業化されていて、本当に安全なのかわからなくなっている、と警鐘を鳴らす映画でした。実際、そういうことが起きていたわけです。映画としても、とてもよくできていて、すぐに日本での権利を買いました。

日本でも、それなりの話題になったので、ご存じの方も少なくないかもしれません。僕にとっては最後の配給映画でしたが、全国に展開しました。そして、思わぬところからツイッター（現X）を通じて連絡がやってきたのです。

それが、宮崎県の和牛農家、何度も登場している尾崎宗春さんでした。自ら尾崎牛というブランドの和牛を育て、独自で販売を手がけていました。

宮崎には上映館がありませんでしたが、尾崎さんは予告編をご覧になり、わざわざ連絡をくださったのでした。「これは絶対、たくさんの人に見せないといけない」と。尾崎さんはご自身、アメリカに留学中に大規模農家でホルモン剤を打って牛を大きくしていた現場を見ていたのです。

この映画をきっかけに、僕は宮崎に招かれたのでした。そして厩舎《きゅうしゃ》の隣でバーベキューをしてもらったのが、先に書いた1キロの和牛をいただいたときのエピソードです。これが、僕と和牛との出会いでした。そして尾崎さんの放った一言が、僕の心を強烈に突き刺すことになります。

「僕は素人を騙《だま》す仕事は嫌だ。玄人《くろうと》を唸《うな》らせる仕事をしたいんだ」

僕は自分のレストランで、尾崎牛を扱わせてもらうことにしました。お店でも、とても好評でした。

いろいろなご縁がさまざまにつながって、僕は和牛にたどりついたのでした。実は意外なヒントが、周囲にたくさん転がっている可能性は大いにあるのです。それを、目を凝らして見てみるべきなのです。

わかりやすいものをやれ

映画『フード・インク』をきっかけに、つながりを持つことになった尾崎さんでしたが、国内で販売する他に、「自分の和牛を海外で勝負させたい」という意思を持たれていました。

折しも僕は、「これからの経済はアジア圏を中心に回っていく」という父の持論の影響で、**香港あるいはシンガポールを中心にアジアで何かできないか、**と思うようになっていました。香港は映画の仕事でよく訪れていたので、**まだそこまで地の利がなかったシンガポールでチャレンジすることにしました。そこで、尾崎さんの和牛「尾崎牛」をシンガポールで売るビジネスをスタートさせる**のです。

正直に書きますが、シンガポールで和牛を売るビジネスはまったくうまくいきませんでした。このときにやっていたのは、尾崎さんから1頭買って、現地でバラして卸業をするという今から考えても無謀な計画でした。しかし僕自身も、今と違って、和牛にまったく詳しくなくて、どうやって肉を扱えばいいのか、わかりませんでした。輸出についてもズブの素人です。試行錯誤して輸出して輸入通関ができたのはいいものの、どこにどう売るか、きちんと戦略が作れていないなかったのです。

また、他にもいろいろな事業があって、片手間にやっている印象はぬぐえませんでした。和牛ビジネスは片手間でやってうまくいくような、生半可なビジネスでは到底ありませんでした。

後に、日本の飲食店と一緒に半年間限定のカフェを展開したことをきっかけに、シンガポールに尾崎牛をメインで扱うカジュアルステーキハウスも開店させましたが、これも1年ほどで撤収せざるを得なくなりました。

まったく儲からなかったからです。尾崎牛を提供することくらいしかコンセプトが決まっていないまま、店舗は日本のレストランを少しカジュアルダウンしただけでした。WAGYUMAFIAのように自分のクリエイティブやリソースを投入することもなく、スタッフに任せきりの店でした。

ここでも、いろいろな仕事をしすぎていて集中できていなかったし、シンガポールの人たちの特性を理解していなかった。それが、敗因を作ってしまったのです。

ただ、外国で和牛を扱って、ひとつはっきりわかったことがありました。それは、**和牛は、圧倒的にウケが良かった**、ということです。

後に法人化するVIVA JAPANとなるカフェグルーヴのeコマース事業では、日本の文化を世界に発信しようとしていました。

日本の優れた職人によるモノや工芸品などを扱ったりしていましたが、外国人からは、「ふーん」くらいのコメントしかもらえません。ところが、**和牛だと、100人食べたら100人が満面の笑みと体全体で「WOW!」という、驚きの反応**だったのです。

日本の食べ物もいろいろと食べてもらいましたが、和牛と同じくらい、すぐに圧倒的な反応が来るプロダクトは、ぶどうの「巨峰」くらいしかなかった印象があります。

炊きたてのお米なども食べてもらいましたが、「WOW!」にはならない。和牛や巨峰だと、大人でも子どもでも「WOW!」になるのです。

グローバルに展開するとしたら和牛が面白いな、と思ったのはこのときです。命=ナマモノを商いにする=賞味期限がある温度帯管理が必要である、など、ビジネスの難しさはシンガポールでの失敗でわかっていたのですが、何より、わかりやすいのです。しかも、**ワン&オンリー、高級で高付加価値、差別化できる、といったグローバルなビジネスのキーワードにも合致**していました。

それこそ極端な話をすれば、「1秒でわからないものは売らないほうがいい」、とまで僕は思っています。ということは、非言語で伝わるものでなければいけないということ。VIVA JA

PANのeコマースのサイトを見てみると、言語で売ろうとしているものはやはり苦戦していました。

日本では「これは素晴らしい」となると、大量の文章で説明をしたくなってしまうものです。あれも言いたい、これも言いたい。しかし、これでは外国人には通用しない。

世界で爆発的にヒットしているインスタグラムも、1秒でわかるからヒットしているのです。パッと見て、魅力が伝えられる。

その伝播力には大変なものがあります。僕の友人に、リトル・メグというハンドル名の香港の女性がいますが、彼女は**日本のかき氷を年2000食、食べる**のです。そしてインスタグラムにアップする。これで一躍、有名になったのでした。

肉を焼くときに塩を上から振り落とす仕草が面白いと話題になったトルコのソルト・ベイには、5000万人以上のフォロワーがついています。これも、わかりやすいからでしょう。今では全世界の主要都市に出店し、最も有名なステーキ屋チェーンになっています。

今、ロンドンでお金持ちがたくさん集まる街、メイフェアでどんなことが起きているか。夜12時を過ぎると、中東の人たちが高級なワインを飲んでいる姿が、あちこちに見られるのです。

結局、お金を持った人たちのディナーシーンでは、最後はワインに行き着く。お金を使い始める人たちは、必ずそうなのです。日本のIT長者たちもそうでした。何百万円ものワインに、みんなが群がっていった。どうしてワインなのかというと、**ニッチなことが、価値としてもマーケットバリューとしてもしっかりしていて、わかりやすい**。つまり説明をしなくていいのです。

しかも、高いから飲んでいる、というところがある。もっといえば、ブランドだから飲んでいる。ロマネ・コンティはほとんどの人は飲んだことがありませんが、みんなおいしいと思っている。そのくらいわかりやすいのです。

僕がeコマースで扱っていた日本の職人のモノは、パッと見ただけでは、その価値がわかりません。だから、わざわざ説明をしないといけない。これでは、なかなか売れないのです。

よく日本人が陥りがちな、**「日本の伝統文化や民芸品は、外国人には面白がってもらえるのではないか」という発想も、前提が間違っています。面白がる前に、何だかわからない**のです。

日本の伝統工芸には素晴らしいものがたくさんありますが、それだけでは売れません。どんなシーンで使うのか、どんな役に立つのか、どんなものなのか、説明をしないといけない。何なのか、理解してもらえないといけない。

中国で南部鉄器ブームが大ヒットしましたが、これも茶を飲むカルチャーの中国茶で、お茶も高級、急須も紫砂で作った工芸品、でもお湯を沸かすのは電熱の普通のもの、という隙間にうまくPRして日本の伝統工芸品が入り込めたのでした。

そうでなければ、日本でのバリューは高いといっても、お湯を沸かすことにしか使えない工芸品自体に外国人は興味を示してはくれないのです。実は売るのが、とても難しいのです。

その点、和牛は本当に話が早かった。極めてわかりやすかった。まず、牛という食材を説明する必要がない。そして、ある程度の人たちが和牛はなんとなく高いものという認識を持っていてくれていた。グローバルに売って出るときの商材として、とても適していると思ったのです。


そして海外で和牛を扱って、ひとつわかったことがありました。それは、和牛といっても、オーストラリア和牛のような、海外産の和牛がすでに流通していたということです。

先にも書いたように、和牛そのものは国外でも精子を輸出できた関係で、禁止手続きが取られる前までのもので生産されています。

また近年問題になっていますが、密輸する関係者もおり、なかなか精子輸出が止まらない現状があります。日本では、国内で生まれ育ったものだけを和牛と認定していますが、海外の人はそこまで理解していない。オーストラリアで育った和牛も、日本で育った和牛も、同じだと思っているのです。


日本の農家が手がけている和牛が、正しく伝わっていない。それをきちんと啓蒙《けいもう》していく意義は極めて大きいと感じました。またワインを再び例に例えてみますが、ワインもなぜここまでの価値が出たのかというと、世界中で生産され始めたからと思っています。

普段飲むワインではなく、いつかはフランスのボルドー地方やブルゴーニュ地方の有名メゾンのグラン・クリュ、シャンパーニュ地方のプレステージシャンパンを飲みたい。

これと同じように、いつかは本物の和牛を食べてみたい、と思ってくれる人を増やしたい。どんなに海外で和牛を作ったとしても、それはスパークリングワインのようなもの。結局のところプレステージシャンパンにはなれません。これは日本産である和牛にとっても大きなメリットになるかもしれません。

誰でもすぐに反応できる、わかりやすいもの、説明不要なもの、価値ある希少なものが、グローバル商材としては、ふさわしいのです。

情熱が持てるもの、好きなことをやれ

シンガポールで初めて手がけた和牛ビジネスは、うまくいきませんでした。それは、どこかで、本気ではなかった自分がいたからだと思っています。

いろいろな事業のうちのひとつ。仮にこれがうまくいかなくなっても、他に事業がある。だから、本気になっていなかった。一つに絞り込めていなかった。

しかし、何もかも失って、和牛一本に絞ったときは、気持ちはまったく変わっていました。この事業を失敗させるわけにはいかないのです。絶対にうまくいかせなければならなかった。

そして同時に感じたのは、いい加減な仕事をしてはいけないぞ、という思いでした。生きるために唯一残されたチャレンジでしたし、また一度シンガポールで見事に失敗しているという過去の再チャレンジでもあり、経営者浜田としての再起をかけた戦いでもあった。また、前回の失敗では経験しえなかった、僕に期待してくれたたくさんの生産者に会いに行っていたことも大きかった。

彼らがどんな気持ちで和牛と向き合っているか。どんな気持ちで和牛を育て、和牛を送り出しているか。愛情、プライド、和牛ビジネスに対する強い気持ち。一流の人ほど、それはとても強いものがありました。

生産者の思いを垣間見たことで、自分自身も思いを共有できるようになった。情熱が持てるようになっていったのです。

グローバルなビジネスをすると、ひとつ気がつくことがあります。それは日本人に比べて、**外国人はとてもストレートに貪欲《どんよく》な印象がある**、ということです。

それはネガティブな面もないわけではありませんが、ポジティブな面も大きい。新しいことを知りたい、面白いことを教えてほしい、びっくりするような体験がしたい……。そういう気持ちがとても強いのです。

だから、反応もアグレッシブです。**本当に感動したときには、「WOW!」が心から表現されるし、とても喜んでくれる**。ウケないときは明確に「ふーん」という感情を伝えてきます。さながらライブをしているような錯覚になります。

だから、僕は和牛に関しては、正直、日本人に説明するよりも、和牛を食べたことのない外国人に説明をするときのほうが、圧倒的に楽しいと感じました。何より感動してくれる。何より喜んでくれる。

これは、**和牛を世界に知らせたい、という仕事に向かう大きな原動力**になりました。

母がとにかく料理好きだったということ、家族が外食よりも家でみんなで料理して食べていたことが多いという子ども時代の経験もありますが、僕は食べることが、ものすごく好きです。昔も大好きでしたし、今も大好きです。だから、飲食のビジネスにも興味がずっとありました。

なんといっても、**食の仕事はみんなが幸せになるのです。おいしいものを食べて、嫌な顔をする人はいない。みんなを笑顔にできる仕事なのです。**

僕自身、今も旅をしていないときは毎日料理をします。母の影響もあって、5歳くらいから鍋や包丁に親しんでいました。妙に触りたがったそうで、気づくとキッチンに入っていたようです。ボーイスカウト時代にはいくつかの班の料理やリーダーの料理を数十人分一緒に作っていました。今思うと、あれがキッチンオペレーションの原点だったかもしれません。

アメリカ留学をしているときには、シングルファーザー家庭で冷凍食品ばかり食べていた友人に、毎日食事を作ることを決めました。冷凍食品ばかりでは、あまりに気の毒だと思ったからです。僕が作った料理をテーブルを囲んでみんなで食べる、僕にとっては当たり前の光景がそこに広がり、食卓に笑顔と会話が生まれました。

食べるのも好きですが、作るのも好きでした。料理をしている最中は、集中できるのです。マインドフルな時間で、なぜか落ち着きます。そして母ではないですが、食べた、おいしい味を再現するために、自分なりに逆算して試行錯誤していく、頭の体操がとても楽しいようです。

ビジネスとして何を選べばいいのか。僕自身、とっておきのアドバイスをもらったエピソードのひとつを、ご紹介しておこうと思います。

会社が傾き、これからについて悩んでいた頃、仕事でロサンゼルスに行く機会がありました。当時、37歳。偶然にもこのとき、テレビ番組の収録でロサンゼルスに滞在していたのが、仲良くさせていただいていたビームスの創業者、設楽洋《したらよう》社長でした。

一緒に食事をする機会をいただいて、そのとき僕の悩みも聞いてもらったのです。今、会社も家庭もひどい状況にある。人生、かなりボロボロです、と（会社もうまくいっていませんでしたが、家庭もうまくいっていませんでした。僕はこの後、離婚することになります）。

他の人にそんな話をしたのは、初めてだったかもしれません。最後の賭けで、和牛を追い求めています、と。

そうすると、設楽さんから、こんな言葉が出てきました。

「きっとうまくいくよ」

設楽さんはかつて、仲間と一緒にビームスを大きくしてきたら、大手のワールドにユナイテッド・アローズを作られて、副社長以下仲間が25人も別の会社に引き抜かれてしまったことがありました。人生最大のピンチです。これが、37歳だったのです。自分も37歳で大変な状況にあった。設楽さんは親しかった取引先にも仕事を断られ、人生のピンチを迎えた。それが同じ37歳だった。きっと大丈夫だ、と。

そして設楽さんのこの言葉が、僕には忘れられないものになりました。

「だって、好きなことをやるんでしょ。それが一番だから。だって、努力は好きに勝てないから」

設楽さんは無名だったナイキを日本に紹介したり、ファッション業界には欠かせないアイコンです。彼は今でも、仕事をしている感じはしないと言います、ファッションがとにかく好きだから、と。

僕がお勧めするのは、**本当に寝食を忘れて、心から好きなものは何だろう、と考えてみること**です。グローバルにつながるものであれば、それをやるのが一番いい。今でも僕は、ほぼ毎日和牛を食べます。ツアーに同行するメディア関係者はみんなびっくりしてこう言います。

「浜田さんは本当に和牛好きなんですね」

だって、努力は好きに勝てないですから。

食関連を選べ

和牛を扱って改めて食関連のビジネスの魅力を実感しています。何より大きいのは、人は食べないと生きていけないということです。そして当たり前ですが、食べたらなくなる。そうすると、また食べてもらえる可能性がある。

かつて、ｅコマースで日本のプロダクツを販売していて、大阪のイケテイが製造、姫路のタンナー、山陽が藍染めしたクロコダイルの名刺入れを僕自身も使っているのですが、立派なもので、いまだに使えるわけです。今も使える、と喜びの声をもらえるのもうれしいことですが、ビジネスとしてはどうか。名刺入れは、もうしばらく買う必要がない。僕の場合は10年以上も新しい名刺入れを買っていません。そういう商品は、新しいお客さまを見つけ続けないといけない。

売り上げは、売ったときしか発生していない、ということです。1回だけの売り上げなのです。では、和牛はどうか。食べたら、その場でなくなってしまいます。気に入ってもらえたら、また買ってもらえる。リピーターにもなってもらえるのです。これはｅコマース時代の深い学びでした。**リピートしてもらうのに最適な商品。それが食**なのです。

しかも、モノを扱っているときは、在庫管理も大変でした。シャツや靴などを扱ったりすると、サイズ、カラーの展開で、大変な量の在庫を持たなければいけなくなる。サイズが5つあって、カラーバリエーションが4つだけでも、20種類も同じものを仕入れておかないといけないのです。

これをSKU（STOCK KEEPING UNIT）と言いますが、その数が多ければ多いほど在庫の数は多くなります。友人から「在庫という漢字は、罪の子と書くんだよ」と教えてもらったことがあります。食の場合は賞味期限があります。そのサイクルで売り切らねば、文字通り「罪の子」として廃棄処分されて、ビジネス的にはマイナスになります。

さらにわかったことは、**モノはすぐに真似をされる**ということです。オリジナルの鞄を作ったことがありましたが、あっという間に真似をされてしまいました。気がつくと、そっくりの鞄がその半値で他のeコマースサイトで売られていたりする。しかし、どうにもならないのです。日本人は、コピーがうまいのです。

だから思ったのが、**絶対にコピーされないものを作るべきだ**、ということでした。先に、**参入障壁が高い、高付加価値、模倣されない**という3つのポイントを書きましたが、それは手痛い経験が過去にあったからなのです。

そして、日本の食には大きな注目が集まっています。２００６年に日本にやってきた外国人観光客は７００万人ほどでした。それが、２０１９年には３０００万人超を記録しています。コロナ禍でいったんは急ブレーキがかかりましたが、これからはその反動もあって、爆発的なインバウンドの増加が見込めるはずです。

そのインバウンドの来日動機のトップが、「日本の食」なのです。僕がキタノホテルでインターンシップをしていた１９９０年代は、日本食といえば寿司と天ぷらくらいの認識でした。日本食を食べることはメインストリームでもなんでもなかった。

ところが今は、**日本食を食べることが、ファッションでありモードになっている**。ヘルシーさも注目されている。この10年の間に、本物の日本料理を食べに来る人たちが圧倒的に増えたのです。ＹｏｕＴｕｂｅなどの動画サービスでも、和食は大人気になっています。

それこそ、１杯数百円のラーメンを食べるために、何十万円もの交通費をかけて日本にやってくる人たちだっているのです。ラーメンは今や、世界が認めるプロダクト、世界コンテンツになってしまっています。

今後も、同じように日本発で、世界コンテンツになっていくものが出てくるでしょう。食には、まだまだ大きな可能性が潜んでいると思うのです。

日本の飲食をグローバル化させることは、海外からまさに求められています。日本らしいもの、横丁文化のようなものを、例えばロサンゼルスに出したとしたら、大人気になると思います。でも、まだ誰もやっていないのです。

食を考えるとき、ひとつだけ注意をしなければいけないのは、**日本人は考え過ぎてしまうことです。ひとつのことを徹底的に掘り下げて、学問のように「道」にする。**この道には終わりがありません。

例えば、ラーメンを語るときも、日本人だけで語っていると、どんどん難しいマニアックな話に入っていってしまう。「ラーメン道」になってしまうのです。寿司であれば「寿司道」、とにかく詳しくなければならない、となる。

和牛もそうですが、「和牛道」のようなものになってしまいがちです。僕が読み進めていた書籍も「和牛道」をさらに深掘りする内容が山盛りでした。これが進んでいくと、どうなっていくのかというと、ビジネスを離れて、終わりがない世界に向かってしまうのです。それは、お客さまには理解されない、パーソナルな趣味になる可能性が高い。あくまでビジネスとして考えないといけないのです。

避けるためのひとつの方法は、**グローバルな人間をパートナーに巻き込んでしまう**、ということです。例えば、現地に住む外国人の実業家と組む。僕は海外展開では必ず主要都市で現地に住んでいる現地人のパートナーと組みます。日本人とは絶対組みません。そうすることで、**日本人が陥りがちなマニアックな「道」に入っていかずに済む**ようになります。

そして大事なことは、**「自分自身に一人称での付加価値をつけていく」**ことです。

これからは、絶対的にパーソナルな時代がやってきます。YouTuberもそうでしょう、コンテンツの魅力はその人自身だったりします。このパーソナル化の時代に大切なことは、**その人ならではの一人称の付加価値をシンプルに提示すること**です。なぜなら、一人称で存在感が出れば、その人以外に誰にも真似ができないから。

これが、グローバル化する上では大切なポイントです。「この人が扱っている」ということ自体が価値を持つから。逆に言えば、扱うものに独自の価値を持たせるようにしていけばいいのです。

食関連のビジネスに、自分の「付加価値」をつけていく。そんな意識で、発想してみるといいと思います。

高級食材をチェックせよ

食関連の中でも、僕が特に注目したのが、高級食材でした。なぜなら**日本は、せっかくの高級食材、付加価値のある食材をうまく売ることができていない**からです。

日本が貿易で負けている国に、イタリア、フランス、スイスがあります。輸出よりも輸入のほうが多い、ということですが、まさに大負けしている。その理由のひとつが、ラグジュアリーブランドの存在です。鞄や時計、ファッション分野で、圧倒的に負けている。

そしてもう一つが、高級食材なのです。例えば、フランスにはGI（Geographical Indication 地理的表示）と呼ばれる地域ブランドがたくさんあります。それは、政府の機関が認定をし、国を挙げてPRをしていくのです。

例えば、シャラン産の鴨のトップ生産者は、ビュルゴーというファミリーですが、これをフランスは世界に向けて大宣伝しました。ビュルゴーを連れて世界を飛び回り、高級鴨と言えばシャラン、高級鴨といえばビュルゴーというブランディングを行ったのです。これで、高級鴨の価格は、跳ね上がりました。

他にも、アルバの白トリュフ、ベルーガのキャビア、さらにはワインもそうですが、海外で買うとマーケットバリュー、ブランドバリューがしっかり乗っていて高いのです。トリュフやキャビアもそうですが、おそらくこの10年で、5倍から10倍になっていると思います。

僕らは毎年11月にアルバで白トリュフと和牛のイベントを開催しますが、現地での白トリュフと香港で僕らが仕入れるアルバ産の白トリュフでは約30％は値段が違います。

ブランドバリューを理解している国は、政府も民間も頑張って自国の商品は世界一ということをアピールして、海外価格の高騰を促します。それは内外格差利益となって、自分たちに返ってくるのです。内外価格差が半端ないけれど、売れる。そういう価値づくりをしているのです。

日本の場合は、そういう発想になかなかならない。僕はよく「つけ麺」を例に挙げるのですが、「つけ麺」ブームが起きて、どのラーメン店でも、「つけ麺」が出るようになりました。そして、どこも、それなりの味を楽しめます。このように、クオリティが伴った形で広がってしまうと、差別化ができなくなって、どんどん安くなり、大盛りにしても無料という価格勝負の耐久戦となり、儲からないわけです。結果、店が次々に閉じていった。

どうして一軒でも、付加価値をつけてでもいいから２０００円や３０００円の「つけ麺」を作

ろうとしなかったのか。僕の知る限り、誰一人として、そんな発想はありませんでした。

日本のものづくりがすごいところは、**クオリティを上げながら価格を下げていってしまうこと**です。それはT型フォードからトヨタが生まれた時代、そしてライカとカールツァイスからニコンとキヤノンが生まれた時代、そしてロレックスから服部SEIKOが生まれた時代とまったく変わっていません。

そして実はだいたいのものが海外での発明に基づく、コピー品でのスタートです。ただし劣化コピーではなくて、それをまったく違う別次元のものへと昇華させるものづくりでした。

つけ麺ブームから見えてくるのは、言ってみれば自動車づくりと同じことを、食の世界でやってしまっているのです。しかし、それは本当に求められていることなのか。

トリュフやキャビアやワインに学ぶ必要があります。なぜなら、世界中の食通は、喜んで内外価格差の半端なく高い製品を買って、食べているからです。ブランド力のあるものは、必然的に高くなる。高くても売れるのです。

これは僕もそうでしたが、日本よりも高い値段で海外に売ろうとすると、「どうしてそんなことをするのか」と言われると思います。そのときには、こう返せばいいのです。

「どうして、フランスのワインは内外価格差があんなにあるのに、怒られないのでしょうか」

もうひとつ面白い例をあげましょう。僕がお店を持っている香港では、日本酒の値段は日本の一般小売りの数倍、レストラン価格になると数十倍の価格で売られていたりします。日本人は取り過ぎだといいます。しかし、あれだけの労力がかかるお酒の一升瓶の価格が安すぎるとは香港では誰も思いません。

僕はブランド価値をつけることで、結果的には国内の価格も上げられるのではないか、と思っています。

お世話になっている日本一の仲卸のマグロ屋こと「やま幸」の山口幸隆社長に伺うと、日本一のマグロ漁場といわれる大間のマグロ漁師の平均世帯年収は７０００万円。後継者不足問題はまったく存在していないとのことです。

しかし、とあるマグロ漁場では後継者不足問題が存在している。ここのマグロ漁師の平均世帯年収は４００万円。もうおわかりでしょう。つけ麺もみんなが真似して安くなれば、お店そのものがなくなる。日本酒も安くていいものを求めつづければ、酒造りそのものがなくなるリスクがあるのです。

僕は、**日本の食材はもっとブランディングすれば、高く売れるようになると思っています。和牛以外にも、気になる高級食材はたくさんあるはず**です。

魚、野菜、果物、日本酒、焼酎、調味料……。熊本のスイカが中東で、あるいは福岡のイチゴが香港で飛ぶように売れたと聞いたことがありますが、しっかりブランディングすれば、フランスの地域ブランドのような価値を作れるかもしれない。

もちろん、大量に安く、というビジネスもあるでしょう。でも、それは大手の食品会社に任せればいいのです。利幅が薄くても、物量がある会社はやっていけるわけですから。

先にも少し書きましたが、今はチャンスです。なぜなら、日本がデスティネーションカントリーとしても注目を浴びており、食事においても和食全般がモードで、ブランドになってきて、高い評価を得てきているから。

そして、実のところ日本人自体が、ようやく和食を理解し始めた、ともいえるのではないでしょうか。先の「大間のマグロがいい」なんて日本人が言い出したのは、最近のことです。

まだまだ黎明期《れいめいき》だということです。実際、和牛にしても、僕が扱っているような和牛を食べたことがある人は、おそらく日本でもほとんどいないのではないかと思います。まだまだ日本人自体が、日本の食材を知らないのです。

だから、チャンスがある。ニッチな高級食材に辿《たど》り着くためにも、食に対して圧倒的な興味を持つことです。食べることも大事、そして料理を作ることも大事。ちょっとでもいいから作ってみる。

そういう取り組みが、きっとヒントを生んでくれると思います。

もとより**一次産業そのものが、大きなビジネスチャンスになる**と思っています。この業界に入ったときに、いろいろ感じたことがあったからです。

端的に言えば、これからドラスティックに変わっていくだろう、ということ。なぜなら、遅れているものがたくさんあるからです。例えば、ＩＴ化はその象徴です。まったく遅れているといっていい。

人材もまったく足りていません。金融のように、優秀な人材が大量に入ってきている業界かといえば、そうとはいえない。ＩＴや金融が産業として大きく成長したのは、やはり優秀な人材が大量に入っていったからだと思うのです。一次産業革命、それがまさしく今これから始まるのです。

いろんな才能が入ってきたら、大きく変わっていくでしょう。しかも、世界の人間の叡智《えいち》が入ってきたら、もっと変わる。どの食材から変わってくるかはわかりません。キノコでも変わるかもしれないし、醤油でも日本酒でも、ニンジンでもコーヒーでも変わるかもしれない。「世界一のニンジンを作ろう」なんてプロジェクトを誰かが「この指とまれ！」したら、一瞬にして変わるかもしれない。

ひとついい例ができると、この5年くらいで一気に状況が変わるかもしれません。

一方で、日本の一次産業の最先端の現場で行われていることは、世界的なレベルです。超最先端といっていい。だからこそ、世界に紹介したいのです。

大手企業がやらないなら、一人でやったらいい。優秀な生産者とパートナーシップを組んで世界に出て行けばいい。大きな可能性が潜んでいると思います。

クリエイティブ・クラスを狙え

和牛で僕が取った戦略は、**「ハイエンド」を攻めていく**、というものでした。ハイエンドの中で、世界最高峰の和牛をブランディングしていくことにしたのです。

ただし、エリアで分けたり、お金持ちかそうでないか、といった考え方で分けたりはしませんでした。

ひとつのキーワードは、**「グローバルコミュニケーションの中で通用するもの」**です。例えば、アートはグローバルコミュニケーションで通用する。しかし、日本の民芸品はグローバルでは瞬時には理解されない。

ニューヨークでは理解されるけど、パリでは理解されない、というのも、グローバルコミュニケーションで通用するものとはいえません。その意味で、食材ならばコーヒーやワインは、明らかにグローバルコミュニケーションで通用します。

今、20年ぶりにコーヒーの情報をアップデートして勉強していますが、コーヒーを1杯入れるのに、100万円かけて機材を揃える人たちが世界中にたくさんいるのです。

世界的に知られる高級オーディオ市場なども、グローバルコミュニケーションですが、受け入れる人が少ない。マーケットが小さすぎてしまうのも、単体のビジネスとして展開するのは難しい。

なぜロレックスがいまだにマーケットバリューが高いかというと、型が少ないこと、そして機械式時計で大量生産した時計だからです。ワインもそう、**ある程度の流通本数がないと、グローバルマーケットでのブランド価値にはなりません。**

グローバルコミュニケーションの中で、価値と語られるようなものがしっかり見えてきて、受け入れる人がそれなりに多いなら、**ニッチでもスケールする可能性をもっています。**

そして極めて興味深いのですが、こうした**グローバルコミュニケーションの価値づけにおいて、「共通した層」というのが、世界中にいる**のです。

例えば、僕はシャンパンや葉巻の仕事をしていましたが、シャンパンや葉巻に強い関心を持っている人というのは、アートも好きなのです。それだけではない、家にもこだわっているし、インテリアにもこだわっている。とにかくクオリティの高いものを、とても好むのです。

リチャード・フロリダが『クリエイティブ・クラスの世紀』（ダイヤモンド社）という本を書きましたが、価値のあるもの、クリエイティブなものに対してお金を惜しまない、という人がいるのです。

それは、アートやインテリアなど、目に見えるもの、生活を彩るもの以外の、食も同じ。エンターテインメントも同じです。

映画も大好きというケースが多い。映画に投資しているのは、決まってクリエイティブ・クラスの人たちです。そういう人たちの自宅にお邪魔したりすると、アートも音楽も食もワインもコーヒーもお茶も、驚くほどのこだわりなのです。

そういう人たちの価値観は、ある意味、とてもはっきりしています。それこそ、中国に行って、「何のビジネスでもいい」「1兆円稼ぎたい」と言って巨万の富を築こうとするのとは、ちょっと違う。

立派な車に乗り、お洒落な格好をしていても、部屋が散らかっている、というのは許さない、とでも言えばいいでしょうか。

言葉を換えれば、かっこいい生き方をしている人たち。**エスプリに富んだクリエイティブにこだわる人たち。**そういう人たちが、世界にはたくさんいるのです。

生活の質を大切にし、高付加価値な食を評価してくれる、クオリティをしっかり見てくれる人たち。僕がターゲットに据えたのが、まさにこういう人たちでした。

こういう人たちには、**コストパフォーマンス（コスパ）はいりません。**コスパというのは、自分の尺度で今までの経験軸で語っているコストのことです。クリエイティブ・クラスの人たちは、これを求めていない。

ましてやグローバルなクリエイティブ・クラスの人たちであれば、なおさらです。

WAGYUMAFIAの最も高いカツサンドは10万円でした。チャンピオン牛のカツサンド。日本では、「そんなものは誰も買わない」と思っていたようです。

しかし、**10万円のチャンピオン牛のカツサンドは1年分が完売**するようになりました。先に予約されていくのです。そのくらいのファンがいる。価値を認めてくれる人が、グローバルにはいるのです。

逆に、10万円のカツサンドでも、1万円のラーメンでも、その価値がわからない人には、絶対にわからない。だから、わからない人たちに対して、説明は一切しません。それが高いと思っている人たちは、絶対に買わないから。そこに対して、1時間、10時間、100時間使ったとしても、この人たちはお客さまにはならないのです。

重要なことは、**自分たちのクリエイティブを理解してくれる人たちを作ること。**それこそ100人作ればいい。例えば、カメラ市場を席巻しているGoProの社長はサーファーでした。サーフィンしながら自分の映像を撮りたい、とあのカメラを作った。

自分のクリエイティブから生まれたアイデアだったのです。こうしたニッチカテゴリーが大きく飛躍する時代なのです。自分たちのクリエイティブをこそ、意識するべきです。

間違っても、**コスパという言葉に惑わされてはいけません。**僕は、日本を飲食やものづくりをダメにしているのは、この言葉だと思っているのです。

では、クリエイティブ・クラスの人たちはどこにいるのか。わかりやすいのは、金融市場の周辺です。香港しかり、ロンドンしかり、ニューヨークしかり。ここも金融マーケットが大きく牽引して、アートや食などのエンターテインメントに投資していくケースが多い。

またその周りのビーチリゾートなどにも、クリエイティブ・クラスの人々は多くいるでしょう。例えばメキシコには国際金融マーケットは存在していませんが、ロスからすぐにプライベートジェットで飛んでこられるロスカボスというビーチリゾートには、ありえない数のプライベートジェットが駐機していたりします。必ずしも大都市で金融マーケットがあるから、そういう人たちがいるというわけでもないのです。コロナ期を経て、働き方もロケーショナルフリーを好む人たちが多くなることでしょう。

そして、こういう人たちに日本の高級食材を楽しんでもらうために、大事なことがあると思っています。

それは少しでも、**クリエイティブ・クラスに近づこうとする、という意識**です。実は僕の父と母がそうでした。決してお金持ちではありませんでしたが、生活のクオリティというものに、とてもこだわっていました。だから、アートや音楽、さらには食に囲まれて僕は育つことができました。

もちろん、子どもの頃に戻ることはできませんし、家庭環境は選べません。では、どうするか。クリエイティブ・クラスを意識することです。ちょっと背伸びをした生活をする。これはすべての生活レベルをあげるというものではありません、それでは普通のお金持ちを目指すだけになってしまう。ここで重要視しているのは、**自分が大切にするクリエイティブな領域に自分の時間とお金を少しでも投資する**ということです。

普段はコンビニの缶コーヒーで過ごしている人が、コーヒー豆にこだわり、ローストして自分で入れてみる。それだけで世界のコーヒーにおけるクリエイティブ・クラスの仲間入りです。

何を人生で大事にするのか、改めて考えてみる。文化や芸術に、関心を示してみる。そういうところにアンテナを立てておくことは、クリエイティブ・クラスの人たちに関わるときに、必ず役に立ってくると僕は感じています。

映画の仕事をしていたとき、著名な映画プロデューサーに食事に招かれたことがありました。そうすると、そのプロデューサー自ら「ジュリエット・ビノシュはここ、ウィレム・デフォーはここ」なんて俳優たちの席を考えていたりする。彼女はこんなものを食べて、彼はこんなものを飲んで、とシミュレーションをして、「だからお前はここに座って、こういう話をしなさい」なんてことをやるわけです。

遊びに対しても、ものすごく真剣なのです。そして当然ですが、ご自宅は文化にあふれています。香りに満ちている。アートがあり、彼らしいインテリアがあり、出される食についても人並みならぬこだわりがある。

僕は20歳のソニー時代、ニューヨークのプラザホテルに泊まったことがあります。20歳の僕にとってはとてももったいなく、そんなに高いホテルはいい、友達の家に泊まるから、と言ったのですが、泊まって体験しておいで、と上司に言われました。

ソニー創業者の盛田昭夫さんは、かつて自分たちのトランジスタを売りに行ったとき、取引相手の1社にこう言われたのだそうです。

「ホテルは、最も高いホテルの一番安い部屋に泊まりなさい。その環境にいるだけで、人は変わりますよ。そういう人にこそ、セールスをしないといけない」

以来、ソニーではこれが守られていたのです。クリスマスシーズンだったので、1泊1300

ドルくらいでした。そして、こう言われました。

「この部屋はクラブラウンジにアクセスできるから、一流の人たちを見てきなさい」

ソニーに入る前、インターンシップでホテルマンとしてニューヨークのキタノホテルで仕事を手伝っていたことがありました。それだけにプラザホテルというのは特別な響きでした。実際に泊まってみると、部屋は決して広くなかった。これならその出張で泊まったロサンゼルスのカルヴァーシティーのウェスティンのほうが値段も安くて広いなぁ、と思ってしまったほどです。しかし、サービスがまったく違っていました。

クラブラウンジでは、コカ・コーラの重役と話をしました。気さくにいろいろな話をしてもらえましたが、驚いたのはビジネスの話をいっさいしないことです。日本では、こういう場合はビジネスの話をすることが多い。

しかし、海外のトッププレーヤーは、ビジネスの話はほぼしません。自分が生きてきた過程の中で得てきた教養がここで出るのです。アートだったり、映画だったり、ワインだったり。他では出会えない人というのは、こういう人たちのことか、と思いました。

キタノホテルでインターンしているとき、当時帝国ホテルから出向されていた田代健一さんという名ホテルマンに、「髪の毛と靴だけはキレイにしなさい」と教わりました。いい時計をしていても、靴が磨かれていなかったら、そういう人なんだなと捉えられてしまいます。

世界のクリエイティブ・クラスと会話するなら、自分たちも面白くないといけない。いろいろな興味を持っていないといけない。だから、日頃から気をつける。トッププレーヤーたちのライフスタイルに興味を持ってみる。勉強し、実践してみる。

もちろん、クリエイティブ・クラスの人たちに会いに行く。大きな刺激をもらうことで、着実に自分自身も変わっていきます。僕自身もそうでした。

海外の目線で編集し直せ

和牛ビジネスをスタートするにあたって、僕は海外のシェフたちにもたくさん話を聞きに行きました。日本の高級食材についての印象で、象徴的なエピソードを何度も耳にしました。

「みんな、パンフレットだけ置いていく」

「プレゼンに呼ばれていってみると長ったらしい説明の朗読会だった」

この食材にはこんな魅力がある。それを記されたものを、ただ置いていくだけ。そういうケースが少なくなかったというのです。

他には、何人かが集められ、1時間ほど面白くないビデオを見せられて、最後に少し試食するプレゼンテーション会。どうだ、すごいでしょ、とにっこり微笑まれる。

語学力の問題もあるのかもしれません。一つひとつの店に対して、きめ細かなセールスはしていられない、ということなのかもしれません。しかし、これではなかなか「魅力」「価値」は理解してもらえないでしょう。

しかも、さらに問題なのは、**「日本人が日本人の目線で作ったパンフレット」「日本人が日本人の目線で作ったビデオ」だった**ということです。そうではなくて、**「海外の目線で編集し直したもの」を提供する必要がある**のです。

世界的に知られるコンテンポラリー・アーティスト、村上隆さんとお会いする機会があり、アトリエでお話をお聞きしました。彼は今、面白い取り組みをされていて、陶器やセラミックの日本人アーティストを集めて、村上さんが海外向けに彼らのことを再編集しているのです。アーティストとしては珍しくご自身のギャラリーもお持ちなのですが、その自分のギャラリーで彼らを売り出しています。

どんなことをしているのかというと、例えば壺なら、とにかく大きいものを作ってもらう。なぜか。村上さんは、そこにニーズがあることをわかっているからです。実際、世界的に有名な歌手のクライアントがその壺をすべて買っていったそうです。

日本のマーケットではサイズと用途的にとてもじゃないけど、お世辞でも売れていくとは思えないものが、海外を知り尽くした彼の手にかかると売れるアートへとプロデュースできるわけです。

海外の目線というのは、**海外の人にとって、わかりやすい目線だということ。**壺が圧倒的に大きくて面白いものなら、売れていくのです。

これは、今のSNSやデジタルメディアでも同じです。わからないものを長く説明するのは、やめるべきです。**パッと見て価値がわかることが大切**なのです。

そしてもうひとつ、**ヒットしたら、そのイメージをずっと固定化させていく。**画家のミレーは「落穂拾い」が有名ですが、実は田園風景など、いろいろなものを描いています。しかし、「落穂拾い」がヒットしたら、そこにこだわる。それだけをやっていく。だから、ミレーといえば「落穂拾い」のイメージなのです。

コンテンポラリー・アーティストとして有名なダミアン・ハーストは、ホルマリン漬けにした死んだ動物の巨大オブジェで有名になりました。それ以降の彼の作品も必ずモチーフがあり、ひと目で彼が作ったものであるということが認識できます。

何度も紹介しますが、**機械時計で圧倒的な人気を持っているロレックスも同じ型を作り続けています。**戦前のロレックスはいろいろな時計を作っていました。皆さんもご存じであろうロレックスの代表格の潜水用の時計、サブマリーナ。この時計の基本的なデザインはいまだに変わっていません。

海外の人たちからウケるもの、グローバルにヒットするものというのは、限られたポイントが

重要なのです。あれもこれも100個できるよりも、これが1個ズバ抜けている、というものが強いのです。その1個を導き出していくことです。

先にも紹介していますが、誰かから「面白いよ」と教えてもらった、塩かけ肉屋のソルト・ベイはフォロワーが30万人ほどでしたが、**塩を振っている自分のイメージがヒットしたら、それをずっと固定化させてやり続け、いまや5000万人を超えるフォロワー**です。

ダミアン・ハーストは蝶々のアートが売れたら、それをやり続ける。村上隆さんは独特のアニメライクな花を模したキャラクターでヒットしたら、ずっとそのイメージをやり続ける。

僕らであれば、**手を目の前にかかげて、歌舞伎の睨《にら》みをきかせ、そして「いってらっしゃい」と叫び続ける。**実はこのジェスチャーに行き着くまでに2年かかっています。しかし、それが僕らの代名詞になった瞬間からずっとやり続けています。

日本人は器用なので、いろいろなことをやってしまいがちです。でも、それでは海外ではダメなのです。**何かひとつアイコンとなるイメージを作ることのほうが大事**なのです。

その点で、僕のひとつの強みは、海外に長く住んでいた、ということでした。子どもの頃もそうですし、留学もしていました。だから、海外の目線がわかるのです。日本人としての目線ではなく、外国人の目線で編集ができる。

言ってみれば、**「外国人が考えていること、考えそうなこと」を先読みしていく**のです。最もやってはいけないのは、日本人だったら、で考えてしまうこと。それでは、目線が合わないことが多い。

日本人が驚くことに海外の人は驚かなかったりするし、逆に海外の人が驚くことに、日本人は驚かなかったりするから。

一人ですべてを考えず、ビジネスのパートナーでもいいし、取引先でも構わない、外国人の力を借りたらいいと思います。今の時代、インスタグラムかYouTubeで英語で発信し、反応を見て確かめるのもいいと思います。実際、僕は結構このテストをしています。重要なのは、外国人の反応をしっかり見る、ということです。外国人の目線で、日本の商材を考えてみるのです。

逆に**お勧めしないのは、「海外にいる日本人とパートナーシップを組んでしまうこと」**です。この発想の原点は、「その国を熟知している日本人」と組んだほうが早い、だと思いますが、これは何の意味もない。それをついやってしまうのも、日本人の欠点です。これをやると、どうしても日本人向けの編集になってしまう。外国人には受け入れられないのです。

外国の目線を意識し、理解しながらも、自国の利益も追求する。そういう仕組みを作り上げていく。これが、理想とするところです。これがうまいのが、アメリカです。

例えば、アメリカ人がフランス人に、世界のマーケットにおいて勝ったものは、たくさんあります。実はワインがそうです。ワインといえばフランスを思い浮かべる人が多いと思いますが、ではどうやってアメリカは勝ったのか。

キーワードは、**「パーカーポイント」**です。ロバート・パーカーというアメリカ人がワイン雑誌「ワイン・アドヴォケイト」という雑誌を創刊し、その紙面上で紹介したワインに独自に100点満点基準で、点数づけし始めてしまったのです。

これまで一人称の感性で語られていたワインが、急に100点満点で語れるようになったので、「あの100点のワイン良かったよね」など、世界中のワインファンが語れる共通言語となったのでした。

パーカーポイントが高いと、値段は高くなっていきます。そしてここに、オークションのクリスティやサザビーも加わって、コンテンポラリーアートなどと同じような仕組みが生まれました。パーカーポイントが高く、高付加価値になったワインの値段をどんどん上げられる仕組みです。

パーカーポイントが作られたのは、1980年代。それから30年で、アメリカが世界のワインを牛耳るようになりました。フランスの情緒的なワインの語り方に対して、数字で偏差値をつけたアメリカが勝ってしまったのです。ワイン造りもパーカーポイントで高得点を取れるワイン造りへと変わっていきました。一人の価値基準が、世界のワイン作りそのものを変えてしまったのです。

その中心にいたのが、ロバート・モンダビです。1970年代、アメリカのワイン「ナパ」ブランドは、フランスのワイン「ボルドー」ブランドと激しい戦いを繰り広げました。ロバート・モンダビはシャトー・ムートン・ロスチャイルドの当主だったフィリップ男爵と組み、ジョイント・ベンチャーを作り、ヨーロッパに対抗できるボルドースタイルのワインを造ります。

重要なポイントは、新参者のナパワインが、独自言語で戦ったわけではなく、**既に著名なブランドであったムートンと一緒に造ったボルドースタイルのアメリカ発ワインで闘ったこと。**そして高得点のパーカーポイントが付与されたそのワインは、皆さんもご存じの〝第1楽章〟と名がついた**「オーパス・ワン」**です。確かなマーケティング、わかりやすいネーミング、新樽を使って濃いボルドーレッドの力強いワイン。ナパワインのイメージが確立された瞬間でした。

僕自身、シャンパンを扱っていましたが、ワインとコーヒーのビジネスは、グローバルに食材を扱う上では大いに参考になると感じました。実は葉巻も、ワインのブランディングを真似して、ビンテージ、そして格付けが行われています。

どうやって価値をつけ、マーケットとつながるか。コモディティ化するものと、高付加価値のものを分けていくか。海外の目線で編集する、という視点でもワインのビジネスは大いに参考になります。

日本食と連携せよ

和牛ビジネスを始めるにあたり、先にも書いたように、僕は200人以上の関係者に話を聞きました。海外のシェフにもたくさん話を聞いています。

その中の一人が、日本でもよく知られるアラン・デュカスでした。彼が語っていて、極めて興味深かった話があります。

パリには日本食の店が1000軒はあるのだそうです。そのうち、日本人が経営しているのは、100軒ほど。別に誰が経営していてもかまわないのだけれど、大きな問題がひとつある。それは、「日本食が日本の食材と連携できていないことだ」と。

醤油のような日本でしか手に入らないものは別にして、基本的に**ほとんどの日本料理の店が、現地のパリの食材を使っていた**のです。

一見、これは正しいこと、いいことのように思えますが、アラン・デュカスは「違う」と言うのです。

フランスは何をしているか。団体を作って、まずはフランス産のフォアグラを売ったのです。

「フランス料理とはすなわち、フランスの食材を使う」ということをデファクトにしてしまったのです。

「どうしてフォアグラにしたか、わかる?」

と僕は問われました。答えは極めてシンプルでした。フォアグラという食材が、極めて高価だからです。

これは和牛のビジネスをする上で、とても貴重なヒントになりました。和食の高級素材といえば、真っ先に思い浮かぶのがマグロですが、ヨーロッパでは天然マグロは人気がありません。天然信仰が強いのは、日本と香港や台湾など一部のアジアだけで、逆に多くの国では、天然=未来の資源を搾取しているというイメージを持っています。

また、マグロは和食ではバラエティのある料理ができますが、洋食ではカルパッチョかグリルぐらいしかない。だから、和牛に大きなチャンスがあると思ったのです。

そして同時に、別の高級食材を組み合わせてもいい。例えば、高級野菜。フランスが、フォアグラはじめ、フランス産の高級食材に強烈なブランディングをかけて、フランス産を使うことをデファクトにしたように、日本もそれをやればいい、と思ったのです。

したがって、和牛は洋食材でもありますが、日本で生まれたものですから、最終的には和食材に持っていきたいと僕は考えています。

ただ、最初から和食材として勝負するとマーケットが開拓できず、小さいままになってしまいかねません。まずは洋食材としてアプローチすることで、先のボルドーワインのマーケットに殴り込みをかけたオーパス・ワンのような勝負ができる。最終的に和牛の存在感は、これからより高まるであろう和食ブームに、和食材として再登場させることで、その地位が確立できる、と考えています。

実際、和の料理で「すき焼き」がありますが、オーストラリアのお肉やアメリカのお肉ですき焼きを作っても、あまりおいしくない。和牛が合う料理は、和食材との組み合わせもいいのです。大事なことは、和牛しかできない、ワン&オンリーのところに結びつけられるということです。これは後にも書きますが、一人で戦うときに問われるのは、「あなたは誰ですか?」ということ。そのときに、「私は日本人です。日本食の中の、この食材を扱います」と言ったほうが、わかりやすいからです。

今は世界的な和食ブームです。背景にあるのは、ヘルシー志向と、実際に本物の和食を見た、食べた、という人たちが増えていることだと思っています。インバウンドが急増した背景にも、日本の食の魅力があった。

もともと2020年の開催予定だった東京オリンピックを意識して、政府はさまざまに日本をPRしてきました。大きな予算を使って、観光客も誘致した。その結果、ちょっと前まで1000万人を目標にしていたのが、その3倍以上の外国人観光客を記録するようになった。

新型コロナウイルスの影響については後にも書きますが、たしかに大きなものがあったと思います。WAGYUMAFIAも、多くがインバウンドの売り上げでしたから、影響は大きかった。

ただ、そんなコロナ禍の中で世界の人と話をしていると、意外な声が次々に上がってきていました。「コロナが落ち着いた頃には、日本は観光都市として今までにない爆発的な支持を受けるようになるだろう」と口々に言うのです。事実、僕の周りの友人たちも、毎日のようにメッセージを送ってきて、渡航可能になったら真っ先に日本に行く、という友人ばかりでした。

彼らはこう言っていました。これまでヨーロッパにバカンスに行っていた人たちが、こぞって日本に集まってくるのではないか、と。コロナ禍後にどんな国に行くかといえば、やはり安定している国。安全だと思える国。そう考えると、日本以外の選択肢は、極めて少ないのではないか、と。

実際にコロナ禍が終わり、日本が「開国」した瞬間に押し寄せたインバウンドの波は凄かったわけです。

そしてその大きな波は、再び日本の食に目がけてやってきています。2023年3月以降に戻ってきたインバウンドゲストのほとんどが日本の食と観光目的の人たちでした。アマン東京は1泊50万円を超えて、90%以上の宿泊率を超えるに至りました。インバウンドの戻りは、僕たちの想像を超えていたのです。

そして、日本のおいしいものを、彼らは発信してくれる。来てくれる人は単に消費するだけではない。それぞれの国に日本の食の情報を持って帰って、広めてくれるのです。日本の寿司やラーメンも、そうやって世界に広まっていったのです。

その意味で、日本で和牛を食べてもらう、本場で経験してもらうことの意味は大きいのです。


僕たちが目指しているのは、**「和牛といえばWAGYUMAFIA」**と言われるようになること。和牛で世界のトッププレーヤーになることです。

大事なことは、一番になること。日本で二番目に高い山、北岳は、その名前をなかなか覚えてもらえないのです。そして実は世界の人にとって、富士山は日本で一番高い山と評価されているわけではありません。日本の美しい山と認識されているだけです。なぜなら世界の人が、一番として認識するのは、世界一高い山、エベレストだけだから。だから、世界で一番が取れる可能性があるところを見つけて、逆算を早くしたほうがいい。取り組みを進めたほうがいいのです。

コロナが落ち着いた今、世界一を目指せるチャンスが目の前にやってきているのです。

この仕事の誇りに気づけ

マグロのビジネスからも、僕の和牛の仕事には多大なるインスピレーションをもらっています。寿司の世界では、マグロの「やま幸《ゆき》」という名前を知らない人はいません。「やま幸」は豊洲のマグロ専門の卸業の会社ですが、社長の山口幸隆さんはカリスマ仲卸として有名です。**なぜ彼がカリスマなのかといえば、最高のマグロを買い占めるから**です。**いいマグロだと思えば、思い切った値段で買うのです。どうしてそれができるのかといえば、超一流の寿司店に卸しているから**です。

彼は今までのマグロ卸業務を、根本的に改革した人です。全国の津々浦々の漁場を調べ、そこで発見した本当においしいマグロ、山口さんが一番だと思うものを、超一流のお店に持っていくことにしたのです。

山口さんは、競りでもほとんどのマグロを買い占めていきます。なぜなら、いいマグロは人には渡したくないから。

「そんなに買って大丈夫ですか？」と聞く僕に、彼はこう答えました。「浜ちゃん、大丈夫。俺が見ていいと思ったものは、俺の大切なお客さんが必ず買ってくれる」。ここでは、値札はありません。これは、情熱と情熱のぶつかりあいなのです。

山口さんから勉強したことを、僕もやっている感覚です。競りで一番高いものを買ったとしても、僕が目利きした和牛を待ってくれている人がたくさんいると思えば、なんてことはないのです。

山口さんのマグロと同様、僕が徹底的にこだわって探した和牛の買い付けだけは、今でも僕一人が担当しています。ここは**誰にも譲らない、一人称の強いこだわり**です。これこそが、僕の仕事の原動力のひとつなのです。

いい生産者は、少しでもおいしい和牛を、と日々努力されている。しかも、巨額の設備投資をして、リスクを背負っている。

気候や気温の変化に対し、病気になりがちな子牛を人間の赤ちゃん同様に元気に育てるため、暖房設備を備え付け、コンピュータ制御で空調をコントロールしている。牛の体感温度を自動制御の風力で下げるところもあります。

自分の好きなクラシック音楽を牛に聞かせている生産者もいます。牛舎のライトをすべてＬＥＤに変えて、夏の暑さを少しでもやわらげようとしているところもあります。すべての牛に名前をつけ、家族のように大事に育てています。家畜の扱いではないのです。

一方で、放ったらかしで、ただ育てている生産者がないわけではありません。実のところ、**厩舎に入って、汚いな、と感じた生産者の肉で、うまいと思ったことは一度もありません。**

僕ができることは、努力をしている生産者が少しでも多く、その恩恵を得ることです。僕が1円でも高く売る能力を持っていれば、一生懸命に頑張っている生産者を潤わせることができる。だから、僕はできるだけ高く買ってあげたい。10円でも100円でも高く買いたい。それが、生産者のためになるから。そして、そんな生産者が育てた牛をもっと買っていきたいと思っています。

荒波に飛び出せば、リスクも大きいかもしれません。しかし、大きなリターンのチャンスもある。そういう構図を作りたいのです。そうすることで、和牛はもっともっと世界に知られるようになるはずです。そして、和牛のビジネスの担い手を増やしていくことになるはずです。

日本の米はJA流通米が50%を切りました。お世話になっている茨城県土浦の有機農家の久松さんは、「農業は大変だし、儲からないと思っている人が多い。しかし、**しっかりとブランドを作れれば農業は必ず儲かるビジネスだ**」と断言します。先の大間のマグロ漁師のエピソードも然り、高級な和牛がもっと儲かる仕組みを新しく作ることができれば、和牛の生産現場の革命が起きるはずです。

先にも少し触れましたが、和牛を支えている繁殖農家の生産者はどんどん高齢化が進んでいます。子牛を育てている繁殖農家は、真夜中の出産などの激務ということもあり、高齢夫婦で頑張っている生産者が次々に仕事を畳んでいる実情があります。

後継者となるような新規参入者もまず入ってこない。このままでは、日本の文化でもある和牛の担い手が不足してしまうようなことになりかねません。

和牛の仕事に魅力を感じてもらい、新たにこの世界に入って来てくれる人を増やしていくためにも、今やらなければいけないことがあるのです。

そのために僕ができることは、和牛を買い支えるマーケットをしっかり創出することです。

お金はもちろん大切ですが、お金のためだけに仕事をしているわけではない、という気持ちも強く持っています。それは自分の喜びのためであり、楽しさのためでもあります。

多くの人の役に立てること。人を喜ばせることができること。勇気づけたり、元気づけたりできること。この仕事には、たくさんの誇りがあります。

第3章

何をポイントに進めていけばいいか？

タグをはっきりさせよ

ビジネスを始めるときに、気をつけなければいけないことがあります。それは「あなたは、いったい誰なのか」ということをシンプルにはっきりさせないといけない、ということです。

あなたは誰なのか、説明するのに時間をかけていたら、チャンスを逃してしまいかねません。説明をパッと聞いて、インパクト強く印象に残るものになっていれば、それが伝播して、紹介などに広がっていく可能性がある。

英語でよく使われる言葉でいえば、**「タグをはっきりさせる」**ということ。あなたは何者なのか、より強い言葉で相手に伝えられるかどうか。それが、とても大事になってくるのです。そのためにも有効なのが、**「絞り込む」**ということです。

実は僕自身も、ここではひとつ反省があります。和牛という言葉は、インパクトあるタグだと思っていましたし、実際、とてもわかりやすいタグでした。ところが、やっぱり海外に出れば、まだ弱かった。まだ絞り込めていなかった。日本の牛、というだけではパンチに欠けるのです。まだわかりにくかったのです。

エスフーズ社長の村上真之助さんから、和牛の輸出への協力をもらえることになった話はすでに書きましたが、ちょうど当時は牛肉を輸出する環境に変化が訪れていました。

日本では2010年に口蹄疫《こうていえき》が流行したことで、約29万頭の家畜が殺処分《さっしょぶん》されました。同時に多くの国が日本からの牛肉や豚肉の輸出を禁止しました。それが2014年6月にヨーロッパで解禁されることになったのです。

解禁されるとすぐに、僕はドイツの企業と組んで最高級の神戸ビーフと尾崎牛の輸出を始めました。和牛という言葉にはそれほど反応しなくても、「神戸ビーフ」という言葉には「それは最高の日本の牛肉だ」と反応してくれる外国人が少なくありませんでした。

しかし、日本でも神戸ビーフについて、ちゃんと語れる人は多くありません。先に書いたように、**神戸ビーフは但馬牛の中からさまざまな条件に合致したものだけに名付けられる肉**です。

そして、但馬牛と神戸ビーフだけは、すべて兵庫県内で生まれ、精子も兵庫県が管理している。兵庫県で生まれて育って、と畜された牛。世界的に見ても、稀なトレーサビリティを持った牛なのです。

ところが相手のドイツの企業からは、こう言われました。

「神戸ビーフは他のところからも買える。ヨーロッパの独占権利をくれればコミットする」

もちろん独占権利を渡せるはずはなく、輸出は半年ほどで頓挫《とんざ》してしまいました。僕は振り出しに戻ってしまったのです。

その後、知人に紹介してもらったのが、業界に詳しいデンマーク人でした。彼は月の半分をロンドンのメイフェア、そして半分をスペインのマヨルカ島で過ごしていました。彼が滞在していたマヨルカ島まで会いに行くと、ロンドンの高級ホテルや高級レストランが集まる地区、メイフェアに行くように勧められました。その縁で、本格的な輸出が始まるようになりました。

彼に言われたのは、**ロンドンのメイフェアにすべての富が集まっているので、メイフェアだけで完結させろ**、ということでした。ヨーロッパはメイフェアを押さえれば成功できる、というのです。

メイフェアに行くと、ステーキチェーン「ＭＡＳＨ」を展開しているデンマーク出身のイエスパー社長を紹介されました。「ちょうど和牛を探していた」という話になり、運よく契約を結ぶことができました。そしてここから、大きな取引に発展していくことになりました。

しかし、輸出は始まったものの、「ＭＡＳＨ」の社長からは、こう言われました。

「和牛そのもののブランディングができていないのではないか」と。

海外では、オーストラリア産の交雑種も「和牛」と呼ばれています。「神戸ビーフ」も、いろいろなところから入ってくるので、何か違う名前を考えたほうがいい、と言われたのです。

さらに「MASH」の社長からは、和牛についてのメディア対応や調理もしてもらえないかと打診を受けました。最初は裏方として輸出の仕組みだけを作るつもりでしたが、こうして自分が前面に出ていくことを考えるようになっていったのです。

どうすれば、和牛をブランディングできるのか。僕の扱う和牛は、他の和牛とどう違うのか。それを、何かはっきり明確に表すことができないか。考え抜いた先に出てきた言葉が、「WAGYUMAFIA」でした。

もともとITや映画の会社を経営していましたから、IT業界で「マフィア」といえば、ペイパルマフィア、アマゾンマフィアなど、企業から独立した優秀な人材とネットワークのことを指すことは知っていました。

ブランディングで重要だと考えていたのは、「神戸ビーフ」よりも強い言葉でなければいけないということでした。和牛以上、神戸ビーフ未満のような弱い言葉では、和牛の頂点にはいけないと思いました。

また、海外の人にもわかりやすいコンセプトにするには、「1秒かあるいは0・5秒くらいで瞬時にわかる名前」にする必要があると考えていました。なので、あえて横文字の英語表記にすることで、海外の人たちの意識を変えたいと思いました。

カフェグルーヴを経営していたとき、ラジオ番組に出演したら、番組前に「何をやっている会社なんですか」と聞かれたことがあります。いろいろやっています、と答えると、「浜田さん、一言で言えない会社はつぶれますよ」と言われました。嫌な思い出ですが、とても頭に残っている一言であり、感謝しているエピソードだったりします。

一言でわかる強い言葉を意識した結果、ＷＡＧＹＵＭＡＦＩＡにたどりついたのです。**WAGYUよりもKOBE BEEFよりも強く記憶に残る言葉、それがこのWAGYUMAFIAでした。**

和牛の中での頂点のブランドを扱うのが、ＷＡＧＹＵＭＡＦＩＡ。それを率いているのが僕だ、ということ。こうなれば、タグはより強いものになります。「浜田寿人は最高峰の和牛を扱うヤツだ」ということになるわけです。

タグをはっきりさせるメリットは、相手が理解しやすいことです。そうすると、相手はアクションを起こしやすくなる。紹介の話を持ってきたりする。いい人を連れてくる。いい話を持ってくる。

後に詳しく書きますが、元サッカー選手のデビッド・ベッカムが西麻布に作ったお店を気に入ってくれて、「日本に行くなら、WAGYUMAFIAに行かないとダメだよ」と発信してくれるようになります。こういうときにも、説明がしやすいのです。

和牛もやっています。寿司もやっています。ラーメンも食べられます、ではなくて、WAGYUMAFIAというシンプルな強い言葉で説明しやすくする。ベッカムはこう言ってくれました。

「おいしいのは当たり前、でも、とにかく楽しい。和牛を食べてこんなに楽しかった経験は初めてだ。それがWAGYUMAFIAだ」

そぎ落としてシンプルにすることで、紹介しやすくなるのです。

国内でも最近は、「ステーキ食べる？　焼肉食べる？　それともWAGYUMAFIA食べる？」とWAGYUMAFIAという新しい料理カテゴリーが生まれたような発言をされます。今までであれば、「おいしい神戸ビーフを食べに行こう」とか「なかなか予約の取れない焼肉を食べに行かない？」という会話が、根本的に変わったと思っています。

僕の和牛ビジネスは、たくさんの紹介を得てきましたが、それは僕のタグが極めてわかりやすかったからだと思います。タグがはっきりしていたから、いろいろなチャンスを得ることができたのです。

「好き」を活かせ

一人でゼロからビジネスを進めてきて、改めて思うのは、**好きなことを仕事にしていくことの大切さ**です。好きなことで仕事になる時代がようやく来たと僕は思っています。

たしかに過去、映画が好きで映画に関わる仕事をしましたが、映画は好きだったものの、広告代理店と昼夜一緒に過ごし、食事をし、あまり個人的には興味のわかない映画を、お金をもらってPRしていくという仕事は、最後まで好きになれませんでした。

今は、思うようにならない大変さを感じることもありますが、まったく苦にならない。それは、生産者を支援し、おいしい和牛を食べてもらえるという仕事が、本当に好きなのだと思います。

和牛を食べることも好きだし、和牛を人に勧めることも好きだし、喜んでもらうことも好き。「食」そのものも好き。

先にも書いたように、料理することも好きでしたから、仕事と遊びに境目がない。なくしてしまうことができる。仕事と割り切ってやることが、今は僕にはありません。これも、好きを活かすことのメリットだと思います。

だから、「これが儲かるんじゃないか」「マーケット規模が大きいんじゃないか」などと逆算で考えるのではなく、本当に好きなもの、寝食を忘れて取り組めるものに挑んだほうが、絶対にいいと僕は思っています。

唯一、計算しないといけないのは、**世界コンテンツになり得る可能性があるか**、ということです。コロナウイルスが席巻してリモートワークを余儀なくされていた時期、僕は旬の生きたホヤをさばいて、刺身にしたりして、酒のあてでよく食べていたのですが、ホヤだとまず間違いなく海外コンテンツにはならないと思いました。やはり、海外コンテンツになり得るものは何か、ということを徹底的に考えたほうがいいと思います。

もうひとつ、和牛に関しては、進化が止まっているのではないか、と思えたことも大きい。和牛のおいしさを知り、生産者に会いに行く楽しみを知り、和牛を扱っているところで頻繁に食事に行くようになったときに感じたのが、そのことでした。

僕は海外のシェフたちにも和牛を提案していましたから、そこで彼らがどんな使い方をするか、見ることになりました。「なるほど、こんな使い方しちゃうんだ」と体感するのは、とても面白かった。そうやって、和牛についての知見を深めていけたのも、「好き」だったからです。

プロと戦うためには、自分もプロにならなければいけません。多くの場合、それは分業によって行われます。飲食の場合、自分は経営者だから、キッチンに入るのはシェフだろう、とイメージしてしまう。

ただ、一人でやらなければいけない、ということになると、全部やらないといけないのです。僕自身、肉をどうさばくか、最初の数年は、自宅でずいぶん練習しました。友人たちを呼び、見てもらいました。今はYouTubeにも、今までは表に出なかった、いろいろな技術が公開されています。多くの人が惜しみなく、公開している。たくさん情報があります。誰かに教えてもらうこともできる。学びの場はたくさんあるのです。

ここで大事なことは、**「こんなことは自分にはできない」という精神的なバリアをすべて一度、取り払うこと**です。食を扱うなら、シェフでもないし、食品を扱ったことがなくても、できるようになると考えること。「できない」「恥ずかしい」が最大の壁です。

そして僕の場合は、自分でも肉を切れるようになったことで、新しい料理を自分で生み出せるようになった。それこそ、シェフが新しい料理を生み出すのを待っているよりも、自分で料理を生み出して、シェフに教えたほうが早いわけです。

海外のトップシェフに会う機会をもらっても、「こうやったほうが和牛は伝わる。食材としてこんなものを合わせたら」と提案もできる。「だったら、こういう作り方しない?」「あ、それいいね」ということになる。今でも僕は、メニューの開発も担当しています。

あまり難しく考えないほうがいいと僕は思っています。例えばマグロには、さばき方や切り方があります。誰かがそれを考案して、歴史的にそうなったということですが、では、それ以外のさばき方や切り方をしたらいけないのかといえば、そんなことはないと思うのです。

何が正解なのか、実はないのです。味覚の絶対値はない。肉の切り方にしても、答えはないのです。であれば、**自分のスタイルを確立したらいい**。そのためにも、食材にどんどん触ってみること。試してみること。その食材のプロになること。**食材を提供するプロにもなる**こと。

もちろんセンスもあるのかもしれませんが、向き合ってちゃんと勉強して、お客さまに出していくという訓練をずっとやっていけば、きっとうまくいくと思っています。そのためにも「好き」であることが重要になる。

僕の知り合いのある会社の社長は、数年前から趣味で寿司を握っています。今では、世界のVIPが来るような店で寿司を提供できるレベルまでになっているのです。素人でも、こだわれば3年ほどで、このステージに行けると僕も思っています。

20年下働きして、それから握る。日本の寿司文化に残る、そんな慣習が美徳のように言われることがありますが、僕は違うと思っています。3年でも、プロになれるのです。

どこで修業したか、誰が親方筋か、この感覚で語る人たちはかなり古い業界人です。今、世界の若手見習いシェフたちからは、「1週間だけステージ（見習いインターン）させてくれないか？」とインスタからメッセージが来ます。そんな彼らに話を聞くと、日本滞在の3カ月で8軒の修業をして、また次の都市に行くのだそうです。こういうソーシャルを利用した修業の仕方もあるのです。

ただし、マニアになることはお勧めしませんし、マニアの人たちに向けてビジネスをすることもお勧めしません。僕が意識したのは、和牛を食べたことのない全世界の人たちを相手にすることでした。そうすれば、数十億人の人たちがターゲットになる。

肉オタクをターゲットにしたら、大きなマーケットにはならない。以前経験した、実は映画業界は映画オタクが伸ばしていったわけではなかったのと同じです。大事なことは、まだ**和牛という素晴らしい食材に出会っていない新しい人たちと一緒にマーケットを創出すること**です。新しいことをやる、とは、今までの既存のプレーヤー、オタクやマニアには向かわないということです。

寿司やラーメンは、この20年ほどで劇的に進化しました。和牛はそうではない。焼肉も1990年代後半以降、それほど変わっていません。センセーショナルで革命的な店が生まれていない。だからこそ、チャンスだし、革命が起こせると僕は思いました。

逆にいえば、**過去のモノマネをすることはない**のです。「なるほど、こういう業界なのか」がざっくりイメージできたら、自分の肌感覚でビジネスに向かったほうがいい。新しいものを生むのに、リサーチをとことんする必要はありません。

実際、僕は同業店にほぼ行きません。有名店も、まだ行ったことがないお店がほとんどです。逆にリサーチしているのは、**地方で愛されているお店、東京でも長くやっている老舗、そして僕よりも若い人たちが作っているお店、あとは海外のお店で、とても参考になります。**カジュアルで気軽にウケているもの、歴史あるものなどを回ると、インスピレーションがキラキラわいてきます。ハイエンドのレストランを作るにも、そうした店のほうが参考になります。

また、僕がよくやるのは、**海外客がやってきたら、他にどこに行くかを聞くこと**です。2万円のカツサンドを食べてくれた人たちが、他にどんなお店、どんな観光地を回るのか。これはずっとリサーチしていました。

すると、食べログの上位ランクではない。無名の店で卵サンドを食べていたり、蕎麦屋に行っていたりする。そうした私たちが知らない、特殊な外国人ルートがあるのです。これは、インバウンドのビジネスをするなら、とても重要な視点です。

一番高く売れ、コスパという言葉を忘れろ

値付けをどうするか。高付加価値商品を扱うときには、なかなか悩ましい問題ですが、僕の場合は、極めてシンプルなロジックを作りました。それは、**「一番高く売る」**ということです。

僕は値段にとてもこだわったのですが、それは数字だけが客観的な単位になりえるものだからです。先のパーカーポイントは、世界のワインを100点満点で語ることで主観的なワインの価値を絶対値化させたわけです。僕はその絶対値を価格に置き換えました。

また、高い価格設定にすることで、僕たちが買い求めている和牛の買い支えが可能となります。その価格にしなければ、本当に精魂込め手間をかけて和牛を育てている生産者をちゃんと潤わせることが難しくなるからです。

子牛の値段は、7年前から数倍になっています。世界一高い神戸ビーフを扱うのに、なぜリーズナブルな価格にして、生産者が犠牲を強いられなければならないのか。それは間違っています。そもそも世界一高い価格で売らなければ、彼らに利益を戻すことが難しくなる。だから、「一番高く売る」ことを自分のタグにするべきだと思ったのです。

例えば、神戸ビーフは、輸出開始当時は月に30頭しか世界に輸出ができませんでした。一軒のレストランが一頭買うとしたら、世界でわずか30軒しか買うことができない。それだけ希少な和牛です。価格が高いのは、当然のことなのです。

ところが、どういうわけか、こういう情報を誰も発信していない。

「神戸ビーフを買ってくれませんか」

というセールスをしてしまったりする。これでは、あまりにもったいない。**もっと希少性をアピールすべき**なのです。ただお金を払ったとしても、ステータスがないと買えない。そういうステータスをどう作り上げていくか。

例えば、マクラーレンというイギリスの自動車メーカーでは、年間に製造できる台数が決まっています。だから、オーナーになるのは、極めて難しい。結果として、マクラーレンを買うには、途方もない金額がつくに至っています。

フェラーリやランボルギーニは、なぜあんなに高いのに売れるのか。そこで価値を認めている人がいるからです。そして一度買い出すと次のレベルのフェラーリやランボルギーニを買う権利をもらえる。こういう形でコミュニティを作っているのです。

同じように、いかに価値を認めてもらうか。それをステータスとしてもらうか。「世界で一番高い和牛を食べたよ」と言ってもらうか。これを食べに来る人たちは、ちゃんといるのです。

実際、「世界で一番高いイチゴです」「世界で一番高いマグロです」というのは、最もわかりやすいメッセージです。日本のマグロの競りが世界で放映されるのは、なぜか。「3億円で落札されました」がニュースになるからです。

おいしさを伝えることは簡単なことではありませんが、価格というのは伝播しやすいのです。だから、世界で一番高く売れる可能性があるものをチョイスしたほうがいい。そして、世界で一番高く売ることを考える。

最初から「高い」と思ってもらっていれば、「これは高過ぎる」とは言われなくなります。「ロマネ・コンティは高過ぎる」という人はいません。もともと高いワインが高いものと認識されて、相場とともにどんどん値上げされていったからです。

大事なことは、「なんでこんなに高いの?」と言われないようにすることです。そのためにやるべきことは、**「世界で一番高いんです」「どの牛よりもこのお肉は高いんです」と言い続け、その事実を明確に伝え続けること**です。

WAGYUMAFIAのカツサンドは、先にも書いたように最も高いものが1個10万円です。全世界で最も高いサンドイッチです。それに対して賛否両論もありますが、実は10万円で売っても、それほど儲からない現実があります。

一年で一頭しか生まれないチャンピオン神戸ビーフ、この値段は普通の神戸ビーフの6〜8倍の価格で競り落とされます。そして、そのフィレから取れるシャトーブリアンサンドイッチは10人前のみです。

それくらいレアで高い肉を使っているのです。普通の神戸ビーフのシャトーブリアンのサンドイッチは、2万3000円。こう聞くと、10万円という金額の値付けがわかっていただけるのではないでしょうか。

だから、僕たちもその値段にこだわってきたし、食べた人は本当に喜んでくれる。中には、10万円のカツサンドを10個注文した外国からのお客さまもいました。100万円です。でも、こういう人が、世の中にはいるのです。

面白かったのは、これが5000円だったら10個は食べなかった、ということです。10万円の「世界で最も高いカツサンド」を「10人で来たから10個食べたい」ということになったのです。

世界一というのは、値段がコンテンツになるということです。

「安いことがいいことだ」というマインドを、日本人はそろそろ変えなければいけないと僕は思っています。高い商品を売ろうとすると、間違ったことをしているかのように思われることがある。「ぼったくっている」と噂する人もいる。

日本を代表する寿司屋の大将に、「もっと値段を上げたほうがいい。世界に出れば、寿司はもっともっと高い。どうしてこんなに安いんですか」と聞いたことがあります。戻ってきたのは、「自分は魚の原価を知っているから、そんなに高くは取れない」という言葉でした。だいたいの日本人がこれを美学と感じると思います。

これは、日本人のマインドセットをまさに表していると思いました。その彼が、海外に出店して、周辺の相場に合わせて価格を設定したら、驚いていました。値段が日本の倍以上になり、しかも彼が現地で握る寿司は、日本の価格の6倍ほどの一人15万円程度となりました。

ものすごく儲かるのです。しかし、世界のトップランカーの寿司は、それくらいして当然なのです。「原材料の価格がそうだから、適正利益を乗せて」というのでは、街の寿司屋さんと同じ発想です。**世界が認めたシェフは、その人自体、そのブランド自体がコンテンツ**なのです。原価からの積み上げという発想を変えないといけない。ルイ・ヴィトンに行って、このバッグの原価を教えてほしいと聞く人は誰もいないでしょう。

日本だと、ちょっとでも高くすると、「あそこは商売しちゃってるね」「ぼったくりだよね」などと怒る人が出てきたりする。実際、その寿司屋でも、日本酒が高いと怒り出した人がいた。でも僕は、怒る権利はないと思いました。

なぜか。街の酒屋で買ってきたお酒を自宅で飲むのとはまったく違うのです。お店は内装費用もかかっている。飲む器、グラスも違います、家賃だって払っているし、人件費もかかっている。そもそも、素敵なお店で過ごしているわけです。なのに、なぜか、お酒の原価が頭にこびりついてしまう。

そろそろ、**コスパという言葉をこの国からなくさないとダメだ**と思っています。**こんなダサい言葉を使っている国は、日本だけ**です。そもそも、味はコストで語るものではないからです。

世の中には寿司屋はいくらでもある。気に入らないなら、行かなければいいのです。

安くすることを、売る戦略の柱にするビジネスも、たしかにあると思います。アメリカのウォールマートの「EVERYDAY LOW PRICE」に代表されるビジネス、薄利での大量販売モデルです。しかし、このコロナ禍を終え、ついにその終焉を迎えたのではないかと僕は感じています。人々は、安さだけを求めているのではない。

そして、高級食材には、その戦略はそぐわない。安ければいい、というものではない。むしろ、価値を毀損してしまう可能性だってあります。

わかりやすくいえば、僕たちはダイヤモンドを売っているのです。**和牛とはすなわち、ダイヤ**

モンド。そのくらい希少価値があるのです。

そうであるなら、ダイヤモンドの売り方を本当はしないといけない。ダイヤモンドは、安いほうが価値が高い、などという売り方をしないでしょう。また、それを消費者も求めていないでしょう。

絶対に安売りをしてはいけないのです。堂々と価値に合わせた高値を提案するべきなのです。サンプルをタダで持ってこい、と言われたこともありますが、持っていくべきではない。実際、キャビアのセールスがサンプルを持っていきますか。最高級のベルーガがサンプルを出しているなんて、聞いたことがない。

欲しければ、少量でも買ってください、というスタンスです。買えなければ食べられない。当たり前のことです。希少なものですから、当然のマナーだと思います。実際、僕にサンプル請求してきた会社で、成約した会社は一社もありませんでした。

高い利益率を意識せよ

海外に輸出することが、当初の僕にとって和牛ビジネスのひとつの、そして唯一の活路でした。そこで、ヨーロッパを中心にレストランなどに和牛を卸していく、いわゆる卸のビジネスを展開しようとしたのが、初期に考えていたビジネスでした。

しかし、最終的にこのビジネスはうまくいきませんでした。卸しかできないと考えて卸の事業に挑みましたが、歴史のある業界に対して真正面からぶつかっても、なかなか難しいということを痛感しました。卸の事業は後に、どんどん縮小させていくことになります。

最も難しかったのは、**他社との差別化ができなかった**ことです。価格で勝負されてしまった。僕は、一切ディスカウントをせず、高級な肉を高く売るビジネスをやりたかったのに、黎明期《れいめいき》の海外はまだ和牛のブランドよりも、少しでも安いノンブランド和牛の霜降り肉を求めていた。僕はその領域に入りたくなかったし、それをしなかった。

薄利多売の競合と、ブランドビジネスをしている僕のビジネスとは、まったく違うレイヤーのビジネスでした。ところが、ブランドに行き着くまでに、価格で勝負されてしまうのです。これでは、その先に進めない。

しかし、卸のビジネスを展開するために、ヨーロッパを中心にいろいろな国、いろいろなレストランを巡れたことは良かった。そうすると、海外での肉の流通はどのようなものか、どんな肉が求められているか、どのぐらいの肉を仕入れて、どんなふうに肉をさばくのか、わかるようになりました。

また、現地で「MASTER OF WAGYU」を名乗って活動していた時期があるのですが、メディアの注目を大きく浴びることになりました。やはり、自分が日本人としての顔にならなければいけない、という気づきを得ることができました。

改めてわかったのは、**資本力がある会社と戦うには、自分たちがブランドにならないといけないということ**でした。そこから、WAGYUMAFIAという言葉が生まれたのでした。その意味で、うまくいかなかったとはいえ、海外卸の経験がなければ、後のWAGYUMAFIAは絶対に生まれなかったと思っています。

そしてもうひとつ、卸の事業には課題がありました。それは、**「利益率を上げにくい」**ということです。

日本企業は、製造業はじめ、グローバルのエクセレントカンパニーに比べて、総じて利益率が低い、というのはよく言われるところです。売り上げは出せても、儲かっていない。これでは、優良なビジネスとはなかなか言えないでしょう。

これも日本の良くないところかもしれません。利幅の薄いビジネスにしてしまうのです。

和牛ビジネスでは、僕は高い利益率を意識しました。どうすれば利益率を高めることができるか、考えました。しかし、従来のような普通の卸のビジネス、仕入れて売るというだけでは、大きな利幅を得ることは難しかったのです。

しかし、卸のビジネスから離れていくことで、利益率を高めていくことができます。例えば、僕が牛を一頭、買ったとする。この牛を海外の一次卸に売ったとしたら、せいぜい10％から20％の利益です。

ところが、この肉をカットして、すき焼き用にスライスして桐箱に入れて売ったら、30％から40％くらいの利益になります。

さらに、クリエイティブを加えてWAGYUMAFIAで出しました、ということになると、60％から80％くらいの利益になるのです。

これを実現するためには、高い金額で提供できるような戦略をとらなければなりません。高級食材は、大量消費がしにくいものです。だから、少量で利益を出さなければいけません。**少量で**

も利益が出るような構造を考えておかないといけないのです。

それは、難しいことではないと僕は思っています。それこそ一頭まるごと右から左に売るのは、言ってみれば、誰にでもできることです。これでは、利幅が薄いのは当然です。

しかし、少し技術を持っていて、すき焼きの肉にスライスすることができれば、利幅はぐっと上がる。つまり、技術料が換算されるわけです。

さらに、他ではできないクリエイティブの力が加わると、調理してプレートに素敵に盛りつけて最高の和牛料理を提供する、ということができるようになる。コスト換算した利益ではなく、クリエイティブ料が乗る、と想像すればいいと思います。日本は、この**クリエイティブ料を意識しないといけない**と思うのです。

コーヒーがわかりやすい例かもしれません。家でも飲めるのが、コーヒーです。例えば生豆を大量に仕入れるのが一番安い。それからローストをかけて目減りした炒ったコーヒーを買うと、20~30%程度高くなります。そしてコーヒーショップで、生豆原価の10倍以上の金額が一杯のコーヒーになる。

それなりの値段になっていると、原価はもっと安いのに、ぼったくっているのではないか、など考える人がいます。しかし、心地良い空間が作られていれば、コーヒーは単なる原価のコーヒーではとどまらなくなります。これこそが、クリエイティブフィーです。

素敵な空間や素敵な演出に、お金がかかっているのです。そのためにも、しっかりとした利益率を取り、コーヒーの価格を設定したほうがいい。いい体験が得られるクリエイティブを考えたほうがいい。

そして、**体験に対する原価というのは、実はないに等しい**のです。それこそ1泊1万円のホテルと、前述のアマン東京のような1泊50万円のホテルと比べても、「泊まって寝る」ということでは同じです。しかし、にもかかわらず、1万円ではなく50万円を出す人が世の中にはいるわけです。それは、**体験を買いたいから**です。それだけの価値が泊まる体験にあると思っているからです。1万円のホテル50回分、などとは絶対に考えないのです。

MASHI NO MASHI TOKYOには1杯1万円のラーメンがありますが、「500円のラーメン20杯分ですね」と言う人がいる。

しかし、そうではないのです。1万円のラーメンというのは、その「体験」を食べるということなのです。この体験価値をこそ、利益率に変えていくべきなのです。

ただ、これから日本も変わっていくのではないかと思っています。良い例が、どんどん出てきているからです。

高級ホテルの価格は、この数年で確実に上がりました。東京駅近くにマンダリンホテルができたとき、1泊7万円という価格に、日本人は高すぎると驚いていました。しかし、マンダリンがそれを貫いたのは、世界のトップクラスだったら7万円くらいは普通だからです。

僕もよく海外に行っていますから、普通の価格帯だと思っていました。そうしたら、アマンができて、もっと高級価格帯が生まれた。コロナ前までは20万円程度だったものが、現在では50万円を超えている。2023年にできたブルガリホテル東京は、1泊400万円という今までの常識を覆す価格がつけられています。今、**東京のホテルは世界基準のプライシングに近づいている**のです。インバウンドが完全復活した今、この流れは止まることはないでしょう。

日本は外圧に弱いので、外から「こういうものだよ」と言われると、どんどん高くなっていくのです。日本の内需だけで価格の弾力性を付けることは苦手ですが、外からデファクトスタンダードがやってくると、すぐになびく。

つまりは、価値付けがあまり得意ではない、ということだと思うのです。

安いことがいいことだ、と考えるな

日本人はそろそろマインドセットを変えなければいけないと僕は感じています。戦後の日本は、いいものを安く、という強烈な哲学をハイレベルで実践して経済成長を遂げてきたのは、間違いないと思います。

しかし、もう時代は変わってきているのです。安くていいものを、新興国がどんどん出すようになっている。また、成熟社会を迎えて、人々の嗜好も大きく変わっている。安いことがいいことでは必ずしもなくなっている、ということに気づくべきだと思うのです。

同様に、儲けもしっかり追求しなければいけない。利幅が薄いのでは、ビジネスを継続させられないからです。高い利益率のビジネスを追求していくべきだと思うのです。

いいものを安く売るのが美徳という感覚こそ、高付加価値なものを高く売ることを下手にしているように思えてならないのです。

ひとつのヒントは、**「原価から考えない」**ということでしょう。例えば、世界的な有名レストラン「ノーマ」でご飯を食べれば500〜600ドルになります。この「ノーマ」が2023年に京都のエースホテルで行ったレジデンシャルポップアップでは、一人15万円以上の食事代になりました。このとき食べていなかった人の中に、「この原価はいくらなのか？」「コスパが悪い」などと言っていた人もいましたが、それは完全にナンセンスです。

原価にはない価値、例えばシェフの腕であったり、素敵な店内の雰囲気だったり、素晴らしいサービスだったり、そういう価値が加えられての、あの価格なのです。**体験価値を売っている**のです。原価だけを見ても、本当の価値はわからない。パリのルーブルに行って、絵の具の価格で名画を語らないのと同じです。素材は同じかもしれませんが、誰もがロートレックにはなれないのです。

原価しか見ていないのであれば、どうしてわざわざデンマークの「ノーマ」になど来たのか、と思うわけです。行かなければいいし、食べなければいい。その価値を味わいたくて、そこにきちんと対価を支払いたいという人だけが行けばいいのです。

それこそ、何度も紹介しているアルバの白トリュフは、原価から積み上げられて価格がつけられているわけでは決してない。

多くの日本人は、**理解できないものはとにかく今までの尺度でまとめようとする癖があります。**

だから、原価の積み上げや市場経済のメカニズムを考えてしまいがちです。しかし、そうでないブランド価値をどう評価していくのか、というところが抜け落ちているように思えてなりません。コスパという言葉は、過去の自分の経済感覚でしか語れない古いものさしです。

これから求められてくるのは、まさにこの**「ブランド価値をどう評価していくのか」**という部分ではないでしょうか。これは、成熟していない経済の国ではなかなかできないことでもあるからです。

それこそ、値段が高いと言われたら、「じゃあ他に行ってください」とはっきり言える勇気を持てるか。顧客を追いかけないということです。

そこで無理をして値段を下げてしまうから、利益率も低くなる。儲からなくなる。従業員にいい待遇を与えられなくなる。続けられなくなる。そうであるなら、安いビジネスをやらなければいいのです。きちんと高い利益を出せる仕事だけをやればいいのです。

それが高いか安いかは、本人の評価。高いと思われるなら他に行ってもらえばいい。その場しのぎで売らなくていい。それが、長い目で見たときには、継続できるビジネスにつながっていくと思います。

実のところ、日本のものはまだまだ安いと感じています。例えば、寿司にしても、日本最高級の寿司が一人2万円から5万円程度で食べられてしまったりする。

もちろん、あまり高くしたくない、たくさんの人に食べてほしい、というオーナーの哲学もあるのだと思います。

しかし、このクラスの寿司屋が、ロンドンに行けば一人700ポンド、1000ポンドでも顧客はつきます。つまり、今の4倍から10倍の値段にしてもやっていけるということです。東京のホテルで起こった世界標準価格への上昇が、飲食で起こらないとは決して言えません。

もっといえば、その体験の価値さえ上げれば、僕は2000ドル、3000ドルでも顧客はつくと思います。

それが今の世界のスタンダードなのです。価値があると思えば、そのくらいのお金をポンと払う人は山のようにいる。そのくらい豊かになっている。

例えば、ラスベガスにある世界的なナイトクラブ「ハッカサン」のVIPシートは、もしここに座りたいのであれば、このくらいの値段を出してくれたら取ります、というミニマム・ギャランティが設定されています。これが、時には500万円くらいになることもある。ひとつのVIPシートを確保するだけで、です。

しかし、オンリーワンのニーズというのは、そういうものです。そのために莫大な金額を世界的なDJに支払い、そこまでのVIPを顧客として座らせる努力をしている。それを手に入れられるならいくら出してもいい、という人もいるのです。

予約の取れないレストランがあるとき、お金をいくら払ってでも予約を取りたい、という人もいます。それをするかしないかは、日本の感覚ではまだないかもしれない。しかし、それはもう世界では当たり前になっているのです。

結局、日本はブランドに対する意識があまりないのだと思います。ブランド物が売れているといっても、特定のものに集中している。メジャーブランドは評価されますが、そうでないものは自分たちで評価できない。

とりわけ日本のものに対しては弱い。**日本のブランドを評価できない。**世界では、いいもの、希少性のあるもの、ブランド力のあるものは、当然高くなります。どんどん高くなっていく。そういう世界の常識が、これからもっともっと広がっていけば、日本も大きく変わっていくと思います。

日本の古い会社に行くと、「適正利益」が社是として掲げられていたりします。しかし問題は、誰が適正だと思うのか、ということです。

例えば、神戸ビーフには、メスがほとんど出荷されません。年間で出荷されるメスの総数は36カ月程度の長期肥育ものだと30頭ほどになります。母牛を残すために他のブランド牛と違い、メス牛の数が少ないのです。

となればプレミアムが付き、当然、その価値は高くなる。お肉にしてしまえばわからないからと、オスと同じ適正価格にしてしまってよいものか。その価値をちゃんと理解している人が、適正な利益を設定するべきだと思うのです。

それこそ、ロマネ・コンティは適正価格でしょうか。そうだとしたら、あれだけの値段になるかどうか。

適正利益であるべきだ、という企業とマーケットとの暗黙の了解が、僕は日本のブランドが高級化しない理由の一つになっていると思っています。もっと利幅を上げる。値段を上げるべきです。

間違っても、安いことがいいことだ、と考えていけないのです。**グローバルマーケットを考えるときには絶対、コスパという言葉を使わない**ことです。安くて売れるものは、誰でも売れます。あなたが売らなくても、誰かが売ってくれる方法論なのです。

時間にこだわれ

一人で仕事をしてみて改めてわかったことは、**働き方が仕事のアウトプットを大きく変えていく**、ということです。そして何より大事なことは、**自分の時間**。それをいかに確保していくかを最も重要視するようになりました。

一人になれば時間は自由になると思えるかもしれませんが、ちゃんとコントロールしておかないと、時間はどんどん勝手に埋まっていってしまいます。時間が埋まると仕事をしているような気分になってしまうのですが、それは危ない。ただ、仕事をこなすだけになってしまうからです。

そこで僕が今も貫いているのは、**午前中はすべて自分の時間にする**、ということです。午後でもできる仕事の予定を午前中に絶対に入れない。朝ゆっくり起きるのもよし、早起きしてランニングするもよし。音楽を聴いたり、考えごとをしたり。もちろん、戦略を練ったり、計画を作ったり。部屋の片付けをしたり、豊洲市場に早朝から行くこともあります（海外展開をしている現在は一人ではなく、チームになっているので、午前中は時差の関係もあり、ロサンゼルスのチーム、香港のチームとのミーティング、東京チームとのミーティングなどが入っています)。

一人だから何をしてもいいわけですが、**「絶対に予定を入れない」と決めておかないと、どんどん予定は埋まっていってしまいます。**そうすると、ゆったり構えられなくなる。仕事のことも考えられなくなる。

特に、**ライフスタイルのアップデートができるような時間を、しっかり持つ**ようにしています。今でいえば、コーヒーです。コーヒーと和牛は、一般的に見ればなんの脈略もないと思われるかもしれませんが、そうではありません。

コーヒーが参考にしているのは、ワインなのです。では、ワインと何が違うのかといえば、コーヒーはローストされた豆を持って帰ってきて、自分で挽いて淹《い》れるという動作があることです。

実は、このコーヒーをローストして、グラインドして、抽出するという一連の作業に今、いろいろな技術革新が起きています。ITも入りこんできている。こういうものも勉強になるわけです。例えば、コーヒーのような付加価値を、和牛につけていくにはどうするのか、というヒントになりうる。

和牛を扱っているから、和牛のことだけ勉強していればいいのかといえば、必ずしもそうではありません。無駄なこと、まったく違う世界観の中から、和牛に持ってこられることのほうが大きいのです。そのための時間を取ることは重要です。

午前中以外も、時間は極めて大事にします。例えば、**安易に人に会わない**。**簡単にミーティングを入れない**。電話やメールで済ませられるものは、それで十分。今はオンラインのｚｏｏｍなどでまったく問題がありません。実際に会って時間を使うのは、大切な友達や海外からわざわざやってきてくれた友人たちのために取っておきたい。

ビジネスは世界中で走っていますが、ｚｏｏｍで済ませるものは済ませてしまう。海外に出られないこともありますが、コロナの渦中にあった6月の香港出店の最終仕上げチェックは、ｚｏｏｍでやりました。もちろん現地に行ったほうが圧倒的によくわかるところもあると思いますが、事実としてそれでも完結できました。これからのグローバル戦略でも、このやり方が大きく役に立ちそうな気がしています。

ただ、だからといって準備が進んでいるラスベガス、ロンドン、マイアミなど5都市のｚｏｏｍ会議をびっしり入れたら、絶対的に時間がなくなります。だから、**できるだけ会議はやらない**。本当に大事なものだけを入れて、**自分の時間、空白の時間を作っておく**。

そうすることで、すぐに動かないといけない、すぐに海外に飛ばないといけない、ということにも対応ができるのです（他のミーティングを「ごめんなさい」しないといけない場合もありますが）。

重要度の高いものに時間を使い、本当に大事なことに時間を使えないのは本末転倒。そこは見極めなければいけません。

人と会うことが仕事になるような人もいますが、僕はそういう仕事の仕方もしません。むしろ、なるべく人には会わない。

それこそよく、「浜田くんは面白いことをしている。知り合いの上場会社の社長が会食したいと言っているのだが、紹介させてほしい」などというお誘いが来ることがありますが、まず行きません。

時間がかかるからです。もしかすると、ビジネスチャンスにつながるかもしれませんが、おそらくつながりません。なのに、会食で何時間も取られるのは、あまりに時間がもったいない。

もし、本当に会食をしたいのであれば、「朝食はどうですか?」とお返しします。朝食だと1時間で帰ることができるからです。そうすると、だいたい話は止まります。

要するに、相手は「なにか面白そうなことをやっているみたいだから、メシついでに、ちょっと話を聞いておくか」くらいの感覚なのです。

そういうことに毎回付き合っていたら、時間がどんどんなくなってしまいます。どうしても行かないといけないときも、二次会には行かない。

「すみません、9時から予定があるので」

と失礼してしまいます。

実のところ、昔の僕なら、何かあるかもしれないとホイホイついていったと思います。それで、夜中の2時、3時まで飲んでいました。たくさんご馳走になったりする。でも、そうなると、もう逃げられなくなるのです。「何かやろうよ」と言われたら、「まーいいか」と受けざるを得なくなってしまう。そうならないためにも、会わないほうがいいのです。

そんなことなら、心を許せる友達と飲み会をしたほうがいい。ビジネスに関係ない人たちとゆっくり過ごす。いろいろな話を聞く。そのほうがいい。

一方で、**若い人から相談が来たりしたら、これは時間を取ります。**

「和牛の話を聞かせてもらって、卒論に書きたいんです」

こんな学生もときどきやってきますが、ちゃんとメッセージやらｚｏｏｍなどで時間を取るようにしています。若い人にはできる限り時間を取りたいと思っています。

僕自身が若いとき、大人に時間を使ってもらっていたから。そして、若い人と会うことで僕自身が大きな学びになるから。デジタルのリテラシーなどを見ていると、とても僕たちは追いつけないから。

若い人たちの感覚や考えることは極めて重要です。なぜなら、いずれ僕たちのマーケットに入ってきたり、カスタマーになる可能性があるから。若い人たちとのコミュニケーションはとても大事だと思うのです。

基本的に、**信頼できる人からの紹介者には会います。**よくわからない紹介や、よくわからない人とは会わない、と線引きするのもいいと思います。

和牛しかやらない、と線引きすれば、豚はやらない、鶏はやらないというのと同じです。線引きをしないから、豚や鶏の話も聞きたくなってしまうのです。

同じように、どういう人には会うのか、しっかり定める。よほどのことでないとひょいひょい行かない、と決める。自分の時間をしっかり確保する、ひとつの方法だと思います。

暮らし、習慣を見つめ直せ

一人で仕事をするようになって、気持ちのゆとりは本当に大きくなりました。夜も、ゆったりできるようになった。夜9時くらいから心を静められたら、なるほど人生は変わるんだな、と実感しました。

昔の自分なら、考えられません。夜9時なんて、まだ完全なオンタイム。仕事をしているか、会食をしているか、遊んでいるか。でも、おかげで本当にせわしない日々を過ごしていました。落ち着かなかったし、ゆとりもなかった。今から振り返ると、若かったからできたことで、なんという毎日を送っていたのかと思います。

でも、そうやって刷り込まれてしまった生活習慣というのは、失うときには恐怖があります。変えること自体が嫌だし、人と会い続けていることが自分の生活パターンだったから、減らせば自分の価値が下がる気にもなる。変える気持ちにもならない。それが当たり前だと思っているから。

でも、僕の場合は、会社が傾き、一人でやらざるを得なくなって、強制的にリセットボタンが押されました。友達と思えた人たちも、ほとんどが僕の前から姿を消しました。そういう「ファミコンの強制リセットボタン」を押してもらったから、なるほどこんな日常があるのか、ということに気づくことができたのです。その意味で、**暮らし、習慣を見つめ直すことは、一人になったら極めて重要なこと**になると思います。

見つめ直すとき、ひとつ重要になるのは、**「ライフスタイルをしっかり整えていく」**ということです。高付加価値の高級素材を扱うなら、提供する相手は一流の人たちになります。ならば、少しでもそういう人たちに近づけるようなライフスタイルを意識したほうがいい。

それこそ、和牛だからファッションのことに興味ないとか、インテリアのことに興味ないとか、アートのことに興味ない、というのは残念なこと。

そういうものに日常的に関心を高めておくことは、自然に日頃のふるまいに出てきてしまうものだからです。それは、僕の持論だったりします。

だから、家はきちんときれいにする。居心地のいい空間を作る。一流のものを、できるだけ揃えていく。

特に**ファッション、インテリア、アート、音楽**は、とても大切です。今、一流の人たちの世界はこの4つを中心に回っているといっても過言ではないからです。どれ一つを取っても、抜くべきではない。

インテリアやアートに興味を持ったのは、映画の仕事をしていた影響が大きいかもしれません。映画人のお宅、例えば監督の家なんかに行くと、それはもう素晴らしいわけです。美術館みたいな家もありましたし、小さいけれどこだわりのデザインに囲まれている家もありました。

そういうとき、決まって感じたのは、ものすごく居心地がいいということです。それは、お金があるからできるわけではない。一方で、お金がないからできないわけでもない。お金がなければないなりに、こだわっていけばいいと思うようになっていきました。

例えば、当時Ｆｒａｎｆｒａｎｃの社長をされていた高島郁夫《ふみお》さんから、こんな話を聞いたことがあります。若い女性が毎朝、４５０円のスターバックスのカフェラテを飲む。なのに、１万円の安いソファを買おうとする。仮にそのソファを3年使うとしたら、１万円のソファなら１日あたりのコストは約10円です。

社長は女性にアルフレックスのソファを提案したのだそうです。高級家具です。女性にしてみれば、びっくりするくらい高い。もちろん、「そんなに高いソファは買えません」と言われたそうです。

それに対して社長は言いました。でも、3年使うなら、毎朝のコーヒー代と同じくらいだよ、と。なぜその女性はセブン-イレブンの110円のドリップコーヒーではダメで、スタバのラテがよかったのでしょうか。きっとそこにはクリエイティブ・クラスの発想に通じるヒントが隠されているはずです。ちょっとだけ発想を変えれば、インテリアやアートは、決して縁遠いものではないのです。

本物の寿司を覚えるには、100回回転寿司に行ってもわからないと思うのです。だったら5万円の超一流店の席をなんとか予約で取って、四半期に1回、年間4回行く。20万円で寿司を語れるようになる。それを高いと思うか、安いと思うか。

もっと素敵なのは、**これから伸びそうな寿司店を探すこと**です。それこそ有名店は、昔の顧客で一杯になっているのです。今から馴染みになろうとしたって、そう簡単にはいかない。そこで、同年代で独立したばかりの人の店に行く。そこに行き続けるのです。

これから有名になりそうな店に通う。そういう店に通って投資してあげる。そうすることで将来、店の大事なお馴染みさんになる。一流の人は、そういうことをやっているのです。有名になる前から、しっかり通っているのです。

こういう楽しみ方は、とてもいいと思います。

そういえば、よく覚えているのが、ソニーに入ったとき、2代目の社長だった大賀典雄《おおがのりお》さんを、ソニーが作った映画館にアテンドしたときのエピソードです。

「君、このスピーカーはどこのだ？」

大賀さんにこんなふうに問われて
「もちろんソニーです」

と答えたら、大賀さんはびっくりするような返答をしたのでした。

「ひどい音がする。まったくひどいよ、これは」

そして、こう言われたのです。

「最低でも1年間は鳴らさないとダメだな。音が死んでる。君たちはB&Wとかヨーロッパのスピーカーを聞いたことがあるかい？　一度、聞いてごらんなさい。今ここで鳴っているスピーカーとは、全然違うことがわかる」

開口一番、自社製品を批判した会長にもびっくりしましたが、当時20歳の僕はメモを取って、新宿のヨドバシカメラでB&Wのスピーカーを買いに行きました。価格にびっくりしました。約60万円。でも、それを背伸びして買いました。

実は今も我が家のリビングで音楽を奏でてくれているのは、このときのB&Wのスピーカーです。もう20年以上使っていますが、本当に素晴らしいスピーカーでした。60万円は高いと思いましたが、20年なら年3万円。月約3000円です。これで人生が変わるくらいのスピーカーが手に入ったのです。なるほど一流の人は、こういうことを習慣にしているんだ、と知りました。

もうひとつ、ヨドバシカメラで思い出しましたが、映画メディアのトム・クルーズの取材で門前払いをくらった僕は、「いいカメラがなかったからだ」と思ったのでした。

それでニコンのカメラを買いに行ったのですが、F5とF100で迷ってしまったのです。F5はプロ仕様の最高級機種です。

そうすると、店員が一言、「F5にしなさい」と。「どうしてですか」と聞くと、**「F100にしたら、カメラの性能が悪いから撮れなかった、と考えてしまう。F5なら言いわけができない」**。僕は即決でF5を買いました。

このときに清水の舞台から飛び降りたことで、僕のカメラ人生は今でもこだわりを増しています。そしてそのカメラで写真やビデオを撮るというスキルが、インスタグラムでも活きていると考えれば安いものでした。人生は、こんなふうにして動いていくのだと思います。同じ人生を送るなら、**一流を目指したほうが面白い**と思うのです。

第4章

どんなチームを作ればいいか？

スペシャリストと組め

かつて僕が経営していた会社では、いろいろなことを内部ですべてこなしていく内製化をひとつのルールにしていました。そうすれば、クリエイティブもブレないし、スピードも高まる。コミュニケーションコストがかからないのです。

しかし、デメリットもありました。どうしても主従の関係ができて、スタッフのモチベーションを保つのが難しかった。そこにはずいぶん悩んだのを覚えています。

そして一人になったとき、すぐに気づいたことは、**一人でできることは本当に限られる**、ということでした。もちろん、いろいろなことを一人でやって、できることを広げていくのもひとつの方法ですが、それには時間がかかる。さらに、クオリティを高めるのは簡単なことではない。

そこで、これは自然にそうなったともいえますが、**いろいろな分野のスペシャリストと組んでいった**のでした。会社ではなく、フリーランス、個人名で活躍されているスペシャリストたちです。結果として僕は、**スピードとクオリティ**を手に入れることができました。

会社で内製化していた時代と違うのは、スタッフのモチベーションを保つ必要などないこと。

なぜなら、みんなその分野のスペシャリストだからです。

そして、同時にスピードもクオリティも手に入ったわけですから、どうしてこのことに気づかなかったのか、改めて痛感したのを覚えています。飛び級で成長していかないといけないときには、それぞれ熟知している人間を巻き込んでしまったほうがいいのです。

僕の場合は、一人で和牛ビジネスを始める前に、傾いた会社を整理するというプロセスがありました。債権もあったし、ファイナンスを整えないといけなかった。だから、ここからスペシャリストに手伝ってもらっていました。

法律の専門家である弁護士、さらにはお金のスペシャリストである財務の専門家。民事再生をしつつ、自分の再生のためのファイナンスを考えていく。そして二人とも、事業をスタートした後も、それぞれ法務、財務でお世話になることになりました。

和牛のビジネスでは、それこそプレーヤーがいなければ成り立ちません。僕には牛は育てられないし、と畜もできない。お店に運ばれてくるまでには、複雑な工程を経なければいけません。

ただ、やったことがないビジネス。事前にいろいろなことがわかっていたわけではありません。最初の段階で絵を描いていたというよりは、走りながら考えていきました。

先にも書いたように、海外への和牛の卸のビジネスから始まり、やがて利益率の高い、消費が安定する自前の店舗を作ったほうがスピードは速い、という戦略に気づくことになります。その流れの中で、必要なファンクションも変わっていったのでした。

中でも、ブランディングや新しい形でのイベントを考えていったとき、欠かせなくなると思ったのが、クリエイティブチームです。

墨で書かれたWAGYUMAFIAの書を描いてくれたのは、書道家の岡西佑奈《ゆうな》さん。ファッション部分をプロデュースしてくれているのは、日本のトップスタイリストの丸本達彦さん。音楽はパリ在住のALEX FROM TOKYOさん。店舗設計は初号店から一緒にデザインを担当してもらっている菅野慶太さん、グラフィックデザインはフローラさん。

そして、なんといってもWAGYUMAFIAとしての最初の京都のイベントのパートナーに始まり、やがてビジネス共同パートナーになっていく堀江貴文は、とても重要な存在です。

すべてのファンクションにおいて、必ずスペシャリストがいます。自分にももしかしたらできるかもしれないけれど、とても時間がかかる。だから、あえてやらないようにして、スペシャリストにお任せをしていったのです。

それこそ、「ニューヨークタイムズの取材を受けることになったんだけど、どんなものを着て行ったらいいか」なんてことも、スタイリストの丸本さんにちゃんと聞きます。そうすると、取材目的やニューヨークの場所などを確認して、「よし、グレイのスーツで行こう」といったアドバイスが飛んでくる。

世界トップランクのスタイリストは、日々、情報収集をしています。もちろんニューヨークの情報にも詳しい。その人に聞いたほうが早いのです。

音楽をDJのALEXさんに委ねたのは、音楽までこだわっている和牛の店がなかったからです。最初のお店を作るときから、僕はショー的な要素を重視していました。日本のことも熟知して、世界のDJシーンで活躍しているALEXさんにお願いすれば、これまでなかったような店が作れると思いました。

他にも、国立美術館などを手がけている照明のチームに入ってもらったり、宇宙船や飛行機のエンジンパーツを製造している世界トップメーカーである由紀《ゆき》精密の開発チームと和牛ジンギスカンの鍋を一緒に作ったりと、あまり強調はしていませんが、細部はだいたいスペシャリストをつけています。

では、なぜ一流のスペシャリストたちが僕と組んでくれたのか。ひとつは、**「熱量」**だと思っています。こんなことをやりたいんだという思い。それともうひとつは、パートナーにもビジネスになるようにしていく、ということです。

ロゴを作ってもらった岡西さんは、当時は今ほど名の知れた方ではありませんでした。しかし、今ではすっかり有名になっています。WAGYUMAFIAのロゴを作ってもらったことで、友人らの目に留まり、いろいろな方々をご紹介できたこともあり、微力ながら少しはお役に立てたかもしれない、と思っています。

スタイリストの丸本さんは、後に、彼に作ってもらったユニフォームから派生して、ブランド「CHATEAUBRIAND」も生まれていて、そのデザインも一緒にやっています。このブランドは、彼との共同ビジネスになっています。

一線で働くスタイリストの旬である寿命は、意外と長くはありません。特にこれからメディアが再編される中で、スタイリストとしての名前ではない、売れる仕事を一緒に作ろうと僕から提案。彼が応じてくれたことで、お互いに大きなビジネスになったのでした。

このアパレルのビジネスだけでも累計売り上げが1億円程度に成長しており、ちょっとしたアパレル企業顔負けの事業になっていると言えるかと思います。

堀江についても、彼自身が目指したいものが、WAGYUMAFIAでできるかもしれないから挑んでいるのです。それは、世界に出ていくこと。これは自身がかつて言っていましたが、彼は日本では有名ですが、世界に出ればまだまだ名前は知られていない。

彼はロケットのビジネスもやっていますが、そのロケットと和牛が自分を世界に連れていってくれるかもしれない、と語っています。世界に行ける切符のひとつとして、和牛があるのです。よく「堀江さんはどれぐらい関わっているのですか？」と聞かれることが多いのですが、彼はとても真面目な人間で、真剣にビジネスに向き合ってくれています。

一緒に展開しているWAGYUMAFIAを海外に向けて有名にすることで、彼自身の海外プレゼンスも上げていきます。

日本のゴルフ場で出会った外国人が堀江を見て、「おぉ君、WAGYUMAFIAの人だね」と言ったと喜んでいました。WAGYUMAFIAの海外認知度が上がることで、彼が手がけるロケット事業にもプラスになるのではないか、とも思っています。

パートナーのビジネスを意識する。彼らのブランディングを上げられるようにする。そうでないと、相手から搾取《さくしゅ》する構造になってしまいかねない。

このレベルのプロのスペシャリストになると、実のところお金だけの話ではありません。もちろんお金は重要ですが、**彼らのインセンティブをしっかり引き出すデザインができるか**、ということが極めて重要です。

WAGYUMAFIAの仕事を通じて、彼らの価値が高まり、そこから仕事につながる可能性も広がっていく。そういう設計をいつも意識する。相手にどう役に立てるかを、常に考えるのです。

ご縁、偶然を活かせ

ＷＡＧＹＵＭＡＦＩＡは、日本国内では堀江が前面に出ています。ビジネス共同パートナーとして、成長を大きく牽引してくれたことは間違いありません。

堀江との最初の縁は、実はソニーに在籍していた１９９９年頃のことです。堀江が経営していたオン・ザ・エッジとサイバーエージェントが立ち上げた、メールマガジン事業「メルマ！」の第1回メールマガジン大賞に、僕がやっていた「シネマカフェ」が選ばれたのでした。

この授賞式が堀江との初めての出会いでしたが、共通の知人を介して、彼との縁は続いていました。

その後、今もはっきり覚えているのは、ライブドア事件で堀江が収監される前日、２０１１年6月19日に、僕は堀江と会っていたことです。当時、やろうとしていたシンガポールで和牛を提供するレストランについて相談していたのです。

「一緒にやらないか」という話もしましたが、彼は翌日から刑務所に行くわけですから、それどころではない。和牛についても、この時点ではまったく興味を持っていなかったと思います。

プライベートで本格的に付き合い出したのは、ライブドア事件の後です。2013年3月、彼が刑期を終えて出てきてから、お帰りなさい会を、僕のレストランでやりました。とても澄んだ目をしていたことを覚えています。そして、「とにかく何かやりたい」と彼は言っていました。最初に一緒にやることになったのは、トライアスロンでした。僕は入っていたトライアスロンチームを脱退して、「トライセラトップス」というトライアスロンチームを一緒に作ることにしたのです。このチームは今も一線で活躍する社長などが参画し活動を続けています。

一方、彼は以前住んでいたところには住めなくなり、ホテル暮らしが始まりました。キッチンがないことが不満だったようなので、僕の家に呼んで料理を振る舞ったら、とても喜んでくれました。

彼も料理をしたいというので、スタジオを借りて一緒に料理をするようになり、そのとき、ちょうど和牛のビジネスを考えていた僕は、どうせなら和牛の料理に絞りたいと提案しました。和牛とフレンチ、和牛と香辛料、和牛と麺など、和牛と何かを掛け算することで毎月テーマを決め、1年半で20回ほど、一緒に料理を作る機会を得たのでした。そのうち一度は、料理レシピのクックパッドの本社で行い、ちょっとした話題になりました。

すると、2015年11月、僕と堀江が料理を作っているという噂を聞きつけた京都・祇園にある期間限定の会員制レストラン「空」から、オープニングシェフとして声がかかったのです。いわゆるポップアップイベントでした。

堀江の知人の経営者がレストランを買い取り、毎週いろいろなシェフを招いて料理をしてもらう、という企画。

1日8席のみ。予算は一人2万5000円。料理は10品。面白いと思いました。何より祇園、というのは魅力でした。海外でも京都の祇園はよく知られているからです。ここでのイベントは、海外に発信できると思いました。

また、国内向けという意味では、堀江の知名度がインパクトを持ってきます。しかも彼がシェフをやる、というのは話題になると思いました。

この話がやってきたとき、デンマークで思いつき、ずっとあたためていた「WAGYUMAFIA」というネーミングを、堀江と二人のユニットとして一つの形にすることにしたのでした。

世界の料理と和牛をコラボレーションする。DJの音楽のようにマッシュアップしながら料理を出す。イメージしたのは、フランスのデュオのダフト・パンクです。デュオでロボットの仮面を被り、さまざまな音楽をマッシュアップしていく。言ってみれば、ダフト・パンクの侍シェフ版をやろうと思ったのです。

お披露目の日は、2016年3月。それまでの半年、WAGYUMAFIAのコンセプトを練り上げ、ユニフォームのデザインや世界観を作り上げていきました。

WAGYUMAFIAを形にする上で、ファッションはとても重要でした。友人のONE OK ROCKのボーカル、Takaさんから紹介されたのが、彼らのバンドのユニフォームの制作を手がけていた丸本さんでした。

ユニフォームができると、祇園で「ジャケット写真」ともいうべき、WAGYUMAFIAの象徴的な写真を堀江と一緒に撮りました。これが後に、いろいろな場で使われることになります。

「空」で開催されたイベントでは、誰も見たことのない食のエンターテインメントショーをやろうと思いました。カウンターキッチンに堀江と一緒に立ち、最高級の和牛を使った料理を作り、出すときの演出にもこだわる。

和牛を生地に練り込んだクロワッサン、和牛のラーメンなど、それまでの和牛料理にはなかったメニューも提案しました。

このときのパフォーマンスは、今のWAGYUMAFIAがやっていることを凝縮したような内容でした。

イベント自体には儲けもありませんでしたし、当時は卸で世界に出ていこうと思っていましたから、店舗を作ることはまったく考えていませんでした。京都の祇園といえば、世界に知られる場所ですから、情報を発信することで和牛をPRできたらと思っていたのです。

もともと、堀江も和牛のビジネスにそれほど興味を示していませんでした。また、飲食は儲からないと思っていたようで、自分の名前が商売に利用されることには慎重でした。

実際、僕が「和牛一本で勝負したい」と話したとき、まったくピンときていなかったようでした。「浜田さ、それまったく儲かる気がしない」と言われました。

しかし、彼から「どうして和牛をやりたいのか」と聞かれて、僕はこう答えたのです。

「もう世界一しか興味がない。人生の中で一度は世界一をとってみたい。それが和牛なんだ」

この「世界一」という言葉が彼に響いたのではないか、と僕は思っています。彼はやがてテレビで和牛の話をし始めました。祇園のプロジェクトの話を持ってきたのも彼です。それからは、本格的に一緒にやるようになりました。


この「空」のイベントをきっかけに、僕は会社名をVIVA JAPANからWAGYUMAFIA INTERNATIONALに変更しました。ただ、当時の主力事業は、世界に和牛を卸すこと。この時点で、「会社は大丈夫か」と思っていた周囲の人は多かったと思います。

その頃、長いお付き合いで、株主であり役員でもあったPR会社ベクトルの西江肇司社長から電話がかかってきました。「このままではWAGYUMAFIAはうまくいかない、和牛レストランを開いたほうが絶対にいい」という話でした。

しかし僕には、カフェグルーヴでレストランを経営し、まったく儲からずに大変だった実体験があったのです。まだ資金に余裕もありませんでしたし、レストランをやりたいとは思いませんでした。

他の役員でレストランを経営していた先輩経営者からは、「素人考えでレストランをやってもうまくいかない、輸出の仕組みを広げたほうがいい」とも言われました。

それでも西江さんからは強く説得され、こうも言われました。

「自分もＰＲ会社を作るとき、先輩から、素人にＰＲ会社ができるわけがない、と反対された。でも、今は日本一のＰＲ会社になっている。自分だって、焼肉屋の１軒くらいできる」

２時間説得され、最後には「お前と付き合ってきた半年を返せ」とまで言われました。西江さんは、僕が持っていたクリエイティブプロデュース能力を信じてくれていたのだと思います。西江さんから強く背中を押されたおかげで、店舗を決めたようなものなのです。ご縁と偶然の産物でした。

西江さんは本当に恩人ですし、心から感謝しています。ただ、当初は２店舗同時に出すように言われていましたが、僕は１店舗に集中する形でスタートすることにしたのでした。

焦らずに、待つ

飲食店をスタートさせることになったとき、堀江は当初、飲食店に協力する気はありませんでした。本当においしい店が探せるグルメサービスの「テリヤキ」をプロデュースしていたこともあり、自分が店を持つことによって中立性を維持できなくなることを懸念していたようです。

また、お店に関われば、何か問題が起きれば風評被害的に「ホリエモンの店が……」と言われることになるかもしれない。それも好ましく思わなかったのだと思います。店舗を作るための開業資金を募ったクラウドファンディングでは、わざわざ「堀江貴文はWAGYUMAFIAの事業には関係ありません」とまで記されていました。

最初のお店は、東京・赤坂の雑居ビルを借りることになりました。焼肉の店舗にするつもりでしたが、なんとそれが難しいことがわかりました。致命的な電気容量不足で、このテナントでは焼肉の店舗にするのは難しい、と後になってわかったのです。

そこで考えたのが、高級肉割烹にすることでした。これが赤坂の1号店「The Wagyumafia Progressive Kaiseki」です。堀江と京都の「空」で提供した和牛割烹料理を、この新しい店で再現することにしたのです。

ここで参加してくれたのが、和牛卸先の焼肉シェフ、永山俊志《さとし》でした。彼はWAGYUMAFIAができる前のフードトラックに立っていた時代からジョインしてくれ、この最初のお店は、当初は永山と僕が半分ずつ出資して作ったジョイント店舗でした。

2016年6月にプレオープン。9月にグランドオープン。しかし、オープン当初は、閑古鳥が鳴き続けました。それは、予想していたことでした。

苦しい状態がグランドオープン当初から続きました。最高級の尾崎牛と神戸ビーフを提供するため、かなり高額になります。日本国内では、なかなか受け入れられないと最初からわかっていたのです。

それでも、店のコンセプトを変えるつもりはありませんでした。**ターゲットを、インバウンドなどによる外国人客**に定めていたからです。

最高級の和牛を提供していくには、早いタイミングで一人あたりの単価を3万円まで引き上げる必要がありました。それが可能になるのは、海外からのインバウンド客だと考えていたのです。

海外からのお客さまが増えて、海外マーケットが広がることこそが、和牛の生産者にとってもメリットになると僕は考えていました。いくら閑古鳥が鳴いても、海外から来る人たちのために店舗を運営するという姿勢を変えるわけにはいかなかった。

そして、和牛で世界一の存在になるためには、最高級の和牛を安売りせずに提供することが大事になると思ったのです。ここは、耐えるしかないと思いました。

赤坂のお店のオープンから半年後、2017年3月、中目黒に神戸ビーフのシャトーブリアンを目玉に使った和牛カツサンド専門の店舗をオープンします。赤坂のお店で、分厚い和牛を使ったカツサンドが人気メニューになっていたのですが、これを先にも紹介した食の世界で有名な外国人女性インスタグラマー、リトル・メグがアップすると、30万ものアクセスを集めたのです。

これには彼女もびっくりで、「ヒサト、絶対にカツサンド専門店を作ったほうがいい」と冗談で言っていたのですが、話半分でもこれは面白いと僕は思いました。

やるなら徹底して専門店にする。カツサンド以外はやらない。レストランとしてのタグをはっきりさせました。実際、カツサンドだけの高級店という突き抜け感は大きなインパクトになったのではないかと思います。

しかも、最も安いメンチカツサンドで当時1000円。神戸ビーフを使ったシャトーブリアンのカツサンドは当時2万円という値付けにしました。名前は、「WAGYUMAFIA THE CUTLET SANDWICH」。和牛カツサンド専門店です。

これもターゲットは外国人でした。ラグジュアリーで、簡単で、説明のいらないものが提供できると僕は思いました。実際、赤坂のお店でも外国人からよく求められていたのが、カツサンドでした。だったら、世界で唯一の和牛だけを使ったカツサンドスタンドを作ろうと考えたのです。

ところが、肉割烹の「WAGYUMAFIA KAISEKI」と同様、オープンしてから6カ月はまったくといっていいほど、来客がありませんでした。ほとんど、僕と堀江とで買い支えていたような状態でした。

赤坂の店もカツサンドスタンドも、広告やPRをまったくしていませんでした。外国人にリーチするための別の方法を考えていたからです。当時、日本を訪れた外国人に話を聞くと、インスタグラムを使って情報を集めているという声を多く耳にしました。

そこで、**すべてを英語にして、カツサンド店の情報をインスタグラムで発信することにした**のです。この時点で、僕のフォロワーは約2000人。堀江も約7000人でした。

そして、ある日、初めて2万円の和牛カツサンドが売れ、購入してくれた外国人に許諾をもらって顔写真つきでインスタグラムに投稿しました。それからも、買い手がつくたびに、地道に投稿を続けていきました。

一方で、この後に詳しく書く世界各地でのWAGYUMAFIAのポップアップイベント「ワールドツアー」の様子も、積極的にインスタグラムに投稿していきました。すると、まったく知られていなかったWAGYUMAFIAの名前が、高級カツサンドとワールドツアーの相乗効果によって、浸透し始めたのです。

外国人がカツサンドを持って「世界で一番高いカツサンド」「神戸ビーフのカツサンド」と投稿するようになりました。すると、オープン半年を過ぎたあたりからインスタグラムで広がり始め、世界中からお金持ちのセレブたちがカツサンドを食べに訪れるようになっていったのです。ちょうど僕のインスタグラムのフォロワーが徐々に増えて、1万人を超えたあたりで大きく様相が変わっていきました。このとき、**「言葉で売れる時代は終わった」**と感じました。**写真か動画、1秒で伝わるような圧倒的な興奮が必要**だったのです。

世界一のカツサンドというわかりやすいコンセプトはじわじわと広がり、世界的に有名なユーチューバーたちも来てくれるようになりました。

カツサンドスタンドが起動に乗ってきた2017年7月、3つ目の店としてオープンしたのが、西麻布の「WAGYUMAFIA THE BUTCHER'S KITCHEN」でした。免許を取得し、精肉もできるようにしました。

最初は飲食店に関わることに消極的だった堀江でしたが、大変な時期にカツサンドを買い支えしてくれた彼の行動を見て、飲食サイド側に来てもらわないとダメだと考えました。もうすでに2店舗がオープンし、単なるダフト・パンクのシェフ版WAGYUMAFIAというユニットよりも、飲食ビジネスとしての顔のほうが強くなってきていたからです。

そこで僕は、西麻布の一部を、以前、WAGYUMAFIA結成前に借りていたフードスタジオのように作り、そこで共同でイベントができるスペースを作ろうと誘いました。彼は快諾、オープン資金を一緒に出してくれ、店舗の運営にも本格的に取り組むようになりました。

自分たちのWAGYUMAFIAというブランドによって多くの人に喜んでもらえる体験が重なってきて、だんだんと本気になっていったのだと思っています。この3つ目の店舗という「城」ができてからは、彼は「なんだかよくわからないけどあれから飲食に関わっちゃったんだよなぁ」と苦笑いします。しかし、今では彼は自身のブランドパン屋の「小麦の奴隷」を精力的に拡大させ、100店舗を超える展開にするなど、幅広く日本の飲食分野に投資をする、新しい飲食経営者の一人になっています。

そしてこの西麻布の店こそ、WAGYUMAFIAがショー的なパフォーマンスを本格的に意識した店になります。和牛のおいしさに加え、ALEX FROM TOKYOのオリジナルのDJミックスと僕たちのパフォーマンスが、かつてない和牛のレストランを奇跡的に作ることになるのです。そしてこのお店が、海外の人に大きなインパクトを与えることになりました。

リスクを取れ

京都の「空」でのポップアップイベントの後、僕はWAGYUMAFIAを世界に売り込むべく、「ワールドツアー」と銘打ったイベントを世界で仕掛けることになります。100都市を目指し始めましたが、6年で100都市までできています。

スタイリストの丸本さんを紹介してくれたのが、友人のONE OK ROCK、Takaさんだったことはすでに書いていますが、彼と話をしていて、とても興味を持ったことがあったのでした。

日本では大人気の彼らが、ヨーロッパの小さなライブハウスで演奏したりしていたからです。観客は数十人でもやるという。何万人もの観客を日本では集められる彼らが、です。

そんなところに行って、ライブをやる意味があるのか、と聞いたら、行くたびに観客数が増えていくのだと言います。ファンが増えているというのです。

やはり、**アクションを起こせば、必ず返ってくるものがある**ということです。実際、僕たちもワールドツアーの間に、ONE OK ROCKのヘルシンキのツアーを見に行きました。すると本当に小さなライブハウスで手の届くところでやっていたのです。

僕は和牛を扱っているわけですが、WAGYUMAFIAのもともとのコンセプトはDJです。シェフではないけれど、世界中の料理を食べている食通。その食べてきた料理を和牛に落とし込んでマッシュアップしていく。気分は、DJなのです。

DJも、世界ツアーをします。だったら、僕も「ワールドツアー」と銘打って、世界を回っていいんじゃないかと思ったのでした。和牛を持った「侍」が、全世界をめぐっていくというストーリーを自分の中で作ったのです。世界のレストランで、イベントをやって和牛を食べてもらおう、と。

しかし、どうやってやるのか、どこに行くのか、誰とやるのかなど、まったく見当もついていませんでした。今から考えれば、無茶な話です。

最初はロンドンに和牛を1頭分だけ送り、到着したらその肉を持って、北欧の国々を回ってみよう、なんてことをやりました。

さすがにいきなり行っても会ってくれませんから、紹介をたどります。とはいえ、紹介してもらっただけで、あとはドアノックからのスタートです。日本から来たこんな者で、和牛のポップアップイベントをやりたい、と説明していく。無視されることも少なくありませんでした。でも、粘りました。翌日、また行くのです。

しつこく何度も行くと、「お前、また来たのか」と笑いながら、話をちゃんと聞いてくれたりするところもありました。

事情をまったく知らず無謀なお願いをしたこともあります。ヘルシンキには日曜日と月曜日しか滞在することができなかったのですが、ヘルシンキでは日曜日と月曜日はすべてのレストランがお休みなのです。

僕はそれを知らなくて、とにかくイベントをやらせてほしいと何度も伝えていたら、「じゃあ、うちの自宅を開放して、シェフを何人か呼んでやろう」ということになりました。

10人のシェフを集めて、ポップアップイベントを開いて、和牛を食べてもらう。僕の中に確信があったのは、「日本から持っていった肉は絶対に食べたことがないだろう」ということです。そして、みんな和牛の料理方法など知らないだろう、と。

ほとんどすべてのトップシェフやガストロノミーは、日本食には興味を持っているのです。今や日本食の技術や食材は、当たり前のようにフレンチにもイタリアンにも入っているからです。

だから、「日本人が作る和牛の料理を見てみたい」という興味はあったのだと思っています。食べてさえくれれば、「あ、これはうまいね」となることも確信していました。

そんな小さなポップアップを僕は、インスタグラムのストーリーに乗せて発信していきました。「ヘルシンキのワールドツアーは、この2つ星のレストランのシェフの自宅で行いました」みたいに英語で投稿すると、ツアーっぽくなるわけです。

参加してくれたシェフもそれを見て、「そうか、君はワールドツアーで回っているのか」「次のツアーはどこに行きたいんだ？」「そこなら、いいシェフがいるから紹介するよ」……。こんなふうに、ツアーは広がりを見せていきました。

紹介された先で、「和牛のポップアップイベントをやりたい」と伝えると、すでに評判は伝わっていましたから、その店の常連客を集めてくれました。お店のメニューとのコラボレーションです。これが、常連客に喜ばれました。

最初はゆきずりの星付きシェフの家で始まった3名のポップアップが、4年後には1000人を超える人が集まる規模のイベントになりました。

やがて、どんどん評判が広がっていって、世界中の店から来てほしいという声がかかるようになりました。とんでもない報酬を提案してくれる招待も出てきました。

しかし、当初は、すべてが持ち出しでした。旅費も宿泊費も肉代も、すべてこちら持ち。毎回、数百万円がすっ飛んでいく。ツアーに行くと、よく聞かれました。

「これ、儲かってるのか？」

最終的には大いに儲かり、パートナーやインバウンドのお客さまに見つけてもらうのに大いに力を発揮したのですが、当初はまったく儲かっていませんでした。

もしかするとこのツアーは、僕が取った一番のリスクだったかもしれません。お店を自分たちで投資して作るよりも大きなリスクでした。周囲は遊びでやっていると思っていたようですが、僕は真剣でした。これで何かがきっと生まれる。何が生まれるのかはわかりませんでしたが、そう確信していました。

純粋な広告を一切打たなかったＷＡＧＹＵＭＡＦＩＡにとって、一か八かの賭け、**唯一の海外へのマーケティング、プロモーション手段がこの海外ツアー**だったのです。

当初は一人でツアーに行っていました。しかし、途中からそれが変わっていきます。ＷＡＧＹＵＭＡＦＩＡのお店では、次第においしいものを食べてもらうだけではなく、ショー的な要素で楽しんでもらえる店作りをするようになっていったからです。

それをワールドツアーでもやっていくことになるのですが、一人だと限界があった。仕込みをし、料理もし、パフォーマンスもしないといけない。実際、このパフォーマンスも、紹介を通じて評判になっていったのです。味も素晴らしいが、パフォーマンスも面白い。だから、イベントは常連客にとても好評になる、と。

やがて、世界のトップレストランから声がかかるようになりました。そうなると、世界のトップシェフと同じキッチンでずっと働けるのです。トップシェフがどんな仕事をしているか。どんな機材を使い、どんなオペレーションで料理を進めているのか、すべて見ることができました。

また、予約はどんなふうにしているのか。サービスはどうか。そういうことも見られた。これは、今のWAGYUMAFIAにすべて活きています。

さらに、トップシェフとの付き合いができ、その生活を垣間見ることができた。トップシェフに集まってくる顧客も見ることができた。

ワールドツアーを始めて1年ほどすると、「こんなイベント見たことがない」「これはお客を呼べる」「和牛の概念が変わる」と評判が広がり、僕たちは一転して呼ばれる立場になりました。

こうなれば、僕たちも条件の良いところを選ぶことができるようになりました。

例えば、旅費や材料費を支払ってもらえるところ。そうなれば、彼らレストラン側もそれを回収しなければなりません。だから、常連客の中でも特別にいいお客さまをポップアップイベントに集めてくれるようになっていきました。まさに、僕たちがインバウンドで来てほしい人たちです。

海外の本当のVIPがどんなお金の使い方をするのか。世界のいろいろな都市で、僕はそれも見ることができました。そして、シェフにもお客さまにも喜んでもらえると、「今度、必ず日本でＷＡＧＹＵＭＡＦＩＡに行くよ」という声が飛んでくる。

実際にそのワールドツアーに参加されたゲストの多くが、今度は海外から日本のＷＡＧＹＵＭＡＦＩＡにお見えになったのです。これは予期していなかったことですが、イベントから来るお客さんなので、イベント時の熱気を持ってやってきてくれるのです。この海外のお客さんが、今のＷＡＧＹＵＭＡＦＩＡの雰囲気のベースを作ってくれたといっても過言ではないと思っています。

紹介にこだわれ

ワールドツアーは、想像を超えたつながりも作ってくれることになりました。2017年4月、香港に出張中だった僕に、会社からメッセージが来ました。

「WAGYUMAFIAに、ジャック・ドーシーが来るみたいです。急いで戻ってきてください」

ジャック・ドーシーは、ツイッター（現X）の共同創設者兼元CEOです。SNSの世界で、最たるキーパーソンの一人です。急いで香港から戻ってきた僕は、きっと彼も知っているに違いない名前を出して、彼を迎えました。

「ようこそ。堀江があなたの大ファンだ。よろしく、と言っていたよ」

ジャックは、僕らのワールドツアーのポップアップイベントに来たことがあるイスラエル人の友人から、「WAGYUMAFIAがすごい」と聞いたのだそうです。ワールドツアーが、ツイッターの社長を日本に呼んでしまったわけです。

彼は、とても気さくな人でした。「このあと、飲みに行くから一緒に来ないか」と誘われて、結局その後、4日間ずっと一緒にいました。先に、「大事なことを優先するために、予定は柔軟にしておく」と書きましたが、まさにこのときがそうでした。

4日間、一緒にいて、とても面白い気づきがありました。常にジャックと行動をともにしていたフランス人がいたので、「友人なのか?」と聞いたら、違うという。

「いや、彼は僕が原宿でTシャツを買った店の店員なんだよ（笑）。日本語がうまいから、ガイドしてもらおうと思って」

ジャックは荷物を一切持たずに手ぶらで日本に来ていました。輪ゴムで結ばれたカードのみです。そして、まったくスケジュールを入れずに、成り行きで一日を決めていました。世界のVIPの中には、こういうぶっとんだことを平気でやる人たちもいるのです。

アメリカに帰国したジャック・ドーシーは、しばらくして、「一人、紹介したい人物がいる」とショートメッセージを送ってきました。

こうしてやってきたのが、デビッド・ベッカムでした。サッカーのイングランド代表として活躍。世界で最も有名なサッカープレーヤーの一人として知られた人物。世界が注目するセレブでもある元サッカー選手でした。

ベッカムは、息子のブルックリンと初めて海外旅行をすることになっていました。そこで、日本にいる間、僕に仕切ってほしい、と頼まれたのです。

僕は3日間、ずっとベッカム親子と一緒に過ごし、すっかり仲良くなりました。家族ぐるみのお付き合いをするようになり、2019年7月にはベッカム夫妻の結婚20周年パーティーの料理もシェフとして作りに行きました。

またスペイン・バレンシアに本拠地を置くサッカークラブチーム、バレンシアCFのオーナーで、F1マクラーレンのオーナーでもあるピーター・リムがプライベートジェットをチャーターしてくれて、ベッカム夫妻とともにインドネシアに旅行に行ったこともあります。

ピーター・リムとも家族ぐるみの付き合いになり、僕の自宅に招いて食事をしたりもするようになりました。

ベッカムは、WAGYUMAFIAをとても気に入ってくれました。WAGYUMAFIAの料理や和牛カツサンドをインスタグラムに投稿してくれたことで、世界中のセレブにWAGYUMAFIAが知れ渡るようになったのです。

ワールドツアーでの出会いのひとつがジャック・ドーシーの紹介につながり、ジャックの紹介が、デビッド・ベッカムやピーター・リムにまで広がったのです。

2018年に入ると、ツアーの効果、ベッカムをはじめとしたVIPたちとのつながりの効果がみるみる目に見えるようになりました。WAGYUMAFIAに外国人客が殺到するようになったのです。赤坂の店、西麻布の店、ともに予約が取れない日々が続きました。

こうした中で、2018年7月に赤坂に新店舗の「WM BY WAGYUMAFIA」をオープンさせることになります。4つ目の店舗でした。

和牛を買い支えるマーケットを新しく創出したいと僕は考えてきました。国内では、和牛のマーケットはすでに飽和していました。海外のレストランに輸出をして卸していくビジネスは、うまくいかなかった。

ところが、国内にお店を開き、海外のお客さまを迎えるという選択肢があったのです。こうして、最高の和牛を食べてもらうことができたのです。

その後、世界一のレストランと称された「エル・ブジ」のトップシェフ、スペイン人のフェラン・アドリアが家族で2018年末、「WAGYUMAFIA THE BUTCHER'S KITCHEN」に来てくれました。彼らは僕たちをとても気に入ってくれて、年末から正月までの多くの時間を一緒に過ごすことになりました。バルセロナの1つ星レストラン「tickets」の天才シェフである彼の弟アルベルト・アドリアを紹介してくれました。

アルベルトは、分子ガストロノミーという科学的調理法によって、料理界の頂点を極めたといわれる人物です。その彼が初めてのコラボレーションをWAGYUMAFIAとやってくれたのです。日本人のシェフでは、誰も実現できていないことでした。イベント時には「京都吉兆」嵐山本店の徳岡邦夫さんをはじめ、多くのトップシェフに、今度はゲスト側として僕たちの料理を食べてもらうことになりました。

世界的に名高いトップシェフとのイベントを通じて、僕自身シェフとして大きく成長することができました。世界レベルを肌で感じ、ありがたいことに、世界で認められるようになっていったのです。

やがてシェフとして、パフォーマーとして注目してもらえるようになりました。高級ブランド誌『Tatler Hong Kong』主宰の食のイベント「OFF MENU」では、ロンドンで3つ星に輝いたTHE ARAKIの荒木水都弘さんらと並んで、「世界のトップシェフ12人」の1人に選出されたりもしました。

こうした流れでWAGYUMAFIAと僕の知名度がどんどん上がっていったためか、ロンドンの老舗デパート、フォートナム・アンド・メイソンが初めて和牛を使ったイベントを実現してくれたときには、1000人以上の応募が殺到。300席のチケットは予約開始30分で売り切れてしまいました。

その後は、グラミー賞を4回受賞した世界的なシンガーソングライターのエド・シーランが来てくれて話題になったり、中東の王国に国賓として招かれて一度に数千万円のオーダーをいただいたり、ラスベガスのMGMグランドのメインイベントとして、ジョエル・ロブションで、WAGYUMAFIAのイベントをコラボ開催し、和牛シェフとしてパフォーマンスを披露することになったり……。

ひとつの紹介から、本当にびっくりするような展開が待ち構えていたのでした。

海外は近場を狙え

和牛のおいしさはもちろんのこと、楽しんでもらうという点で、これぞWAGYUMAFIAのパフォーマンスだとして支持を受けているのが、冒頭でも紹介した**野太い声の「いってらっしゃい！」**です。

にらみつけるようなポーズで、お客さまに光り輝く和牛を見てもらう。WAGYUMAFIAのレストランや、ワールドツアーやポップアップなど、世界各国で開催しているイベントでも、お馴染みのパフォーマンスです。

外国人には「EAT-N-SHOUT」（イートゥンシャウト／いってらっしゃい）」という意味だと説明しています。一種の語呂合わせのようなものですが、日本の和牛を世界に知ってもらうためのエンターテインメントの一環だと考えています。

このパフォーマンスを広く世界に知ってもらう上で、大きな役割を果たしたと思えるのが、海外出店でした。2018年11月、WAGYUMAFIA初の海外出店が、香港でした。

もともと金融市場のある都市は、和牛を食べてもらうという点で、とても魅力があると考えていたのは、先にも書いた通りです。富裕層も多いからです。また、金融の世界にいる人たちは世界を飛び回っているので、WAGYUMAFIAを知ってもらえれば、彼らが世界中にその情報を持っていってくれるという狙いがありました。

そこでWAGYUMAFIAを作るとき、僕は世界10の都市への展開を考えたのでした。**ワールドツアーをしたのは、どの場所が10都市にふさわしいかを見極めるという目的**もありました。

和牛は高価です。支払い能力が高い人たちが、たくさんいる場所＝都市でなければ、やはり出店は難しい。

ブランディング的な価値はあるけれど、本当に利益を出せるか、続けられるか、ということは、現地のイベントパートナーなどに確認していきました。そこはシビアに見極めなければならないと思っていました。

そう考えると、ツアーでいろいろな都市を回りながら、その都市の可能性を肌感覚で掴んでいく必要がありました。最低でも一人500USドル以上の金額を払うことができなければ、WAGYUMAFIAは持っていけない。

美食の街パリも、そこまでの高単価な店が数多くあるわけではありません。イタリアでもミラノぐらい。スペインではマドリード以外は難しい。デンマークのコペンハーゲンからもオファーをもらいましたが、大きなハードルがありました。デンマークというのは、とても税金が高いのです。税金を加味した金額を、多くの人に落としてもらえるかどうか。疑問符がつきました。**僕らの価格帯は500USドルがアベレージ**です。この金額を出せるか出せないか、ここが大きなポイントとなりました。

欧米を強く意識していた中で、僕は最終的にまずはアジアに出すことを決断します。ひとつは、地の利。アジアのほうが近いからです。お店で使うための和牛の輸出という観点でも、僕の物理的な移動という観点でも、魅力があった。

そしてアジアで金融都市といえば、香港。富裕層がたくさんいる中国の玄関口というイメージもある。グローバルでやっていくとき、この場所は理想なのではないかと思いました。そして何よりも香港は食の都、そして日本に旅行でやってくるローカルが多い。

先述のリトル・メグもそうですが、香港の食通の日本食理解度は、はっきりいって日本人でもかないません。それぐらい日本食についての造詣がある。ここもショートカットできるポイントとしては大きかった。

ただ、香港を選んだ最も大きな理由は、**パートナーとの出会い**です。ジェラルド・リー。ニックネームでジェロと呼んでいます。香港で、当時カフェチェーンを10店舗ほど展開している元弁護士の若き起業家でした。

彼がインスタグラムで和牛カツサンドを見つけて、「コラボレーションをしたい」と言ってきたのです。ただ、僕はカフェにカツサンドを出すつもりはありませんでした。そこで、難しいと伝えると、わざわざ日本まで飛んできて、僕に会いに来てくれたのでした。

その後、今度は僕が香港に会いに行って、いろいろな話をしているうち、年齢が近いこともあって仲良くなりました。そこで聞いたのは、なぜ彼がコラボレーションをしたいのか、でした。彼は上場を考えていたのですが、事業ポートフォリオを戦略的に考えたとき、日本の有名な食ブランドをひとつ入れておきたいと感じるようになった、というのです。それも新しいブランドを持ってきたい。そういう思いが強かったようでした。

これまでやってきたのは、すべて自分たちのプライベートブランド。そんな中で、初めての海外コラボレーションに、日本で最もクールなブランド、ＷＡＧＹＵＭＡＦＩＡを担ぎたい、と。これは光栄なことでした。そういう背景があったのなら、と僕は熟考の末にお引き受けしたのでした。彼は元弁護士であり、緻密な人ですが、黒服のボーイからスタートした苦労人で、カナダ育ちの香港っ子です。

僕は店作りやメニュー作りなどに細かいのですが、半年にわたる僕の毎日の細かな修正作業やオーダーにも嫌な顔をせず、さらに部下に振ることもなく、自らが担当して各チームに落とし込んでくれました。このハンズオン感が何よりも良かった。

こうしてできたのが、「WAGYUMAFIA HONG KONG」でした。2018年11月のことです。尾崎牛、神戸ビーフを扱い、おいしい和牛を食べてもらうと同時に、WAGYUMAFIAならではのパフォーマンスも楽しんでもらえる店にしました。「いってらっしゃい」のみならず、さまざまなパフォーマンスがあります。

これが、想像を超えるヒットになりました。客席数は25席ながら、初年度から年商が6億円を超えたのです。客単価は日本の5万円を超える7万円。そしてわかったのは、口コミで情報が広がっていったことでした。**トップレベルの富裕層の人たちは、口コミこそが最強の情報ツール**なのです。

そして、世界中の人たちが集まるのが、金融都市・香港。香港で初めてグローバルなWAGYUMAFIAの姿を見せることができたことで、「これを自分たちの都市でも展開したい」という人たちが次々に現れることになったのでした。

さらに、香港のWAGYUMAFIAを見て、「やはり本家のWAGYUMAFIAが見たい」と、香港をきっかけにインバウンドで日本に来る人たちも増えました。

改めて思ったのは、これがもしロンドンが最初だったら、ちょっと遠すぎたかもしれない、ということです。世界10都市を狙うとはいえ、まずは定期訪問可能な身近なロケーションに海外店舗を構えることが大切だと思っています。世界展開する上で大切なのは、主要ハブ空港が存在する都市に展開していくということです。そこにはＶＩＰの往来もありますし、人だけではなく情報も伝播していくというメリットがあります。

今はコロナ禍でストップしていた海外のプロジェクトもようやく再開し、中東ではサウジアラビアの首都リヤド、そして周辺の主要都市にも展開します。そしていよいよアメリカ上陸です。２０２４年にはラスベガスにＷＡＧＹＵＭＡＦＩＡが誕生します。そのきっかけを作ってくれたのがこの香港の躍進であることは間違いありません。

香港出店は、ジェラルド・リーというパートナーがいたからこそでしたが、これは本当に幸運なことだったと思っています。彼との出会いで香港はすでに5店舗、ＷＡＧＹＵＭＡＦＩＡグループの店舗が広がりました。

ＷＡＧＹＵＭＡＦＩＡのブランド力が上がってきた今は、世界的なフラッグシップにするべく、アメリカ、ヨーロッパの主要都市への出店も計画中です。

振り切ったビジネスをやれ

香港のビジネスパートナーのジェロは、本当に希有な存在だと思っています。起業家として、大変なセンスがある。最近、最もびっくりしたのは、世界で新型コロナの感染拡大が進み、日本でも緊急事態宣言が出ていた2020年5月にも、彼は出店を取りやめなかったことです。

日本でも海外でも、僕が付き合っていた経営者のほとんどが、お店のオープンを延期していました。ところがジェロは、延期するどころか、「早めよう」と言ってくれたのです。

まだ、香港の先行きが見えないタイミングでした。しかし、こんなタイミングでオープンする店はまずない。だからこそ、話題を呼び、大ヒットするのです。

もともと弁護士で、数字にもとても細かいのですが、それでいて大胆な決断ができる。張るときはガーンと張る。こういうパートナーと出会えたことは、本当にありがたいと思っています。

あの堀江ですら、ジェロの決断に対して、「やっぱり、あの経営者はクレイジーだな」と言っていました。

さらにジェロは、「早くもう一軒、開きたい」と言っています。香港は、政治問題でも混乱が世界に伝えられている。そんな中でも、**「こういう大変なときだからこそ、交渉していい物件が安く借りられる可能性がある。だから、やりたい」**と言うわけです。

僕自身、彼の経営のやり方に大きな影響を受けています。彼は、各店から日報を上げてもらい、それを緻密に分析していく。その手法はとても参考になりました。香港で10店以上のレストランの経営をしている人たちのノウハウが、すぐ目の前で見られるわけですから、これは極めて貴重です。

「WAGYUMAFIAにおんぶにだっこで」などという考えのパートナーだったら、こうはいきません。何の勉強にもならないわけです。自分より優秀だと思える人から学ぶことは、若い頃から心がけてきたことですが、今もそれは大切だと改めて感じています。

そして彼のような大胆なパートナーだからこそできたのが、思い切った新しい事業だったのだと思っています。WAGYUMAFIAがプロデュースするラーメン店も作ってしまおう、ということになったのです。

これは、最初のライセンス契約の条件にも入っていました。その条件とは、「WAGYUMAFIAと他に何か新しいプライベートブランドを一つ作ってほしい。そしてその会社をジョイント・ベンチャーで作ってほしい」というものでした。

先に、スペシャリストと組むというところでも書きましたが、パートナーで大事にしたいのは、ウインウインの関係を作ること。そこで僕は、香港であればどうしてもやりたい業態があると伝えました。

それが香港で初めて登場した「MASHI NO MASHI」という和牛専門のラーメンブランドです。アジア有数のラーメン店舗が集まった都市である香港で、地元のニーズを掴み大ヒットし、現在では香港2店舗、東京1店舗、シンガポール、ラスベガス、ロンドン、パリへの展開を計画しています。

日本のMASHI NO MASHI TOKYOは香港から逆輸入する形でオープンさせました。大きな話題になったのは、提供する和牛ラーメンが1杯1万円だったこと。そしてスタート時は1日1時間のみの営業というスタイルを取ったことです。1万円のラーメンというのは、日本にはなかった。ラーメンの世界では1000円の壁という言葉があった中で、あえてその10倍の1杯1万円の価格帯を出すことでインパクトがあったのです。

どうして1万円だったのか。もちろん和牛を使っていますから、コストも圧倒的にかかっているわけですが、もうひとつは**ラーメンの世界に一石を投じたかったから**です。

例えば500円のラーメンでも、ラーメンを茹でて、スープを入れて、サーブするというアクションは同じ。でも、20杯出さないと1万円にはならない。「大量に安く」であり、「薄利多売」です。それで果たしてうまくいくのか。従業員のみんなに、満足のいく給料が払えていたのか。誇りを持って仕事ができていたのか。僕は、それを問いたかったのです。

高級食材を扱い、価格を高くし、利益率を高めることで、そこに変化を起こせるのではないか。安くて大量に出さないといけないものは、これから機械化もされていくでしょう。人がやらなくてもいい仕事になっていく可能性があるということです。

そして労働環境も変えられる。長時間労働も減らすことができる。これもまた、高級食材を扱い、価格を高くし、利益率を高めることで解決できる。

安くていいものを出すことは、消費者にはうれしいかもしれない。しかし、**みんながハッピーに仕事をして、満足のいく収入を得て、サステナブルに事業を営むことが難しいのであれば、それは目指すべきことなのかどうか。**

そして、コロナがやってくるまで、1万円のラーメンを食べに来た外国人がたくさんいたのです。びっくりするほど、いたのです。そのために僕は、「日本人が生んだラーメン屋さんです」という扱いをせず、**「海外で育ったブランドを日本に逆輸入しました」**というスタイルを取っていったのでした。

コロナがやってきて、薄利多売でやってきた会社は、本当に厳しい状況になっていますが、もともと僕はそもそも数百円でラーメンが食べられること自体、おかしいことだと思っていました。労働力換算で考えても、ありえないのです。

この先、2000円のラーメンが当たり前のように出てくると思っています。今は1000円の壁と言われているようですが、1000円でも安すぎる。世界に出れば、一風堂のラーメンを2杯食べて、ちょっと何か追加すれば、ロンドンでも7500円くらいになります。**日本の食も、デフレ傾向から、世界的な都市の価格に近づく転機**になると思っています。そうでなければ、本当にやっていけないから。

ハイエンドな価格帯ながら、WAGYUMAFIAが成功できたのは、外国人をターゲットにしたことです。しかし、それ以上に重要なことは、僕たちは最高級和牛専門店や和牛カツサンド、1万円のラーメンなど、**従来は存在しなかった需要を掘り起こして、新たなマーケットを作った**ことです。

そして、**日本の高価格帯のマーケットは、まだまだ日本ではブルーオーシャン**だと思っています。チャンスがたくさんあるということです。

ロンドンのメイフェアにある高級レストランの中には、1店舗で年商80億円を売り上げるところもあります。月に6億円から7億円。1日2000万円です。

世界には、ハイエンドなレストランがたくさんある一方、日本にはまだほとんどない。WAGYUMAFIAはその一端に踏み出すことができたのです。

カッサンドも最初、1000円と2万円のバリエーションから始めましたが、その後は5000円から始まり、ドライエイジングの神戸ビーフカッサンドは3万5000円。兵庫県畜産共進会、いわゆる神戸牛チャンピオンシップ大会で最優秀賞を受賞した和牛のカッサンドは10万円です。それでも買ってくれる人がいる。

ハイエンドの市場を作り、マーケットを広げることは、生産者から安定して買い付けができることにもつながります。そのためにも、海外展開をする一方で、やはり国内のWAGYUMAFIA、MASHI NO MASHIの店舗を拡大していかなければいけないと思っています。

最も高価な和牛を海外に輸出できれば、和牛の関連商品も一緒に売れていきます。WAGYUMAFIAで使っている調味料や米などの食材をはじめ、海外の店舗で使う特注の器も、僕たちがキューレーターや作家と話し合いを重ねて、いいものを買って海外に広めたいと思っています。

徹底的に見えないところにこだわる。高いものが売れるから、高い素材や器もともに売れる。かつてアラン・デュカスからもらったアドバイスが少し進化して、WAGYUMAFIAのスタイルになった瞬間でした。これもまた、WAGYUMAFIAを、誰にもまねのできないものにする戦略のひとつです。

売り込むな

店舗を拡大していかないといけないという中で、2019年10月、WAGYUMAFIAはひとつの新しい挑戦をスタートさせました。WAGYUMAFIAと同じ肉を使ったカジュアルに楽しめる焼肉店「YAKINIKUMAFIA（ヤキニクマフィア）」を立ち上げたのです。

YAKINIKUMAFIAは、ロケットやエンジンパーツなどの精密切削加工を手がける由紀精密と世界一の焼肉用の鍋を共同開発し、素人でもプロ同様の焼きができるようにしました。由紀精密もコロナ禍で製造レーンの一部がストップし、その空いたリソースを活用させてもらい、今までまったく技術革新されていなかった焼肉鍋の開発に従事してもらったのでした。

YAKINIKUMAFIAは、コロナ禍でのスロースタートにもかかわらず、すでに国内4店舗、海外2店舗がオープンしており、今後の出店計画を待っています。

焼肉店などをすばやく出店するためには、多くの場合、フランチャイズモデルがとられます。直営店を作ったら、その後はフランチャイズオーナーを募集していく。そうすると、すでに焼肉屋を経営しているオーナーが手を上げてきたりする。

しかし、僕らはそういう既存のやり方をしませんでした。どうしたのかというと、**「焼肉社長」というブランド**にしたのです。「焼肉社長、来てください」と。

なんのことかというと、**「社長は焼肉屋を持つべきだ」というストーリー**であり、メッセージです。

実は多くの起業家や社長が、焼肉屋を作っているのです。焼肉が好きで、おいしい焼肉屋を作りたい人は多い。だから、自分で焼肉屋を作り、オーナーになろうとする。

しかし、行ってみてがっかりすることは少なくありません。なぜか。肉が調達できないから。高級食材も調達できないから。そこそこの肉を使ってしまって、おいしくない、ということになってしまうことが多いのです。

堀江がライブドア時代に企業を買収していたとき、何が一番重要だったのかというと、**経営陣が一緒についてくるかどうか**、ということだったと言います。優秀な経営陣が、買収時についてくることになれば、大変な掛け算になるのです。

実際、僕自身もそうでした。同じ経験をしていました。香港の元弁護士のパートナーであるジエロが入ってきてくれたことによって、僕らのＷＡＧＹＵＭＡＦＩＡというブランドは劇的に飛躍することになった。

そこで、ＹＡＫＩＮＩＫＵＭＡＦＩＡを作るとき、焼肉屋を作りたい社長を連れてこれたら、きっとこれは面白いことになるのではないか、と思ったのです。そして実際、「焼肉社長」の呼びかけをしたところ、面白い人たちが、続々集まってくれています。

日本マクドナルドに三十数年勤務し、講演家をしながら１００万人以上のフォロワーを集めた「講演家ユーチューバー」の鴨頭《かもがしら》嘉人《よしひと》さんも来てくれています。マクドナルドでの名物店長であった彼のお店は大成功し、１カ月で１０００万円の売り上げを超える店舗へと成長しています。

もちろんビジネスを大きくはしていきたいのですが、**基本的な姿勢だけは忘れてはいけない**と思っています。

それは、**「売り込まない」**ということです。

ＷＡＧＹＵＭＡＦＩＡを世界10都市に作るという話を、これまで僕は海外メディアのインタビューでは伝えてきました。そうすると、１日10件くらい、「パートナーになるのでやらせてくれ」というメッセージが送られてくるのです。

しかし、売り込まれるほうの立場になってみてください。

売り込まれて本当にうれしいのか。売り込んでくる相手と組みたいか。そもそも、売り込んでくるような相手とやりたいのか。

売り込んでしまった時点で、こういう印象を相手に与えてしまうということです。そんな印象を与えてしまったら、果たしてその後にいい関係が作れるかどうか。

だから、「過度に売り込まないこと」です。

売り込むことはむしろ、逆効果です。とりわけ高級なものを扱うビジネスではそうです。その価値は、相手のほうがわかっているからこそ成り立つのです。

「焼肉社長」のコンセプトもその考えにのっとっています。フランチャイズ店を増やしたいと、売り込むことはしない。それよりも、お互いウインウインのパートナーシップを目指したい。「参加してくれてありがとう」よりも、「これでようやく仲間になれたね」という空気を作りたいのです。

福岡県の糸島に、面白いことをやっているアメリカ人がいます。元アップルのプロダクトデザイナー、ダグラス・ウェバーです。彼は、50万円を超える高級なコーヒーグラインダー（コーヒー豆を挽く機械）を作っているのですが、決して売り込むことはしません。「良さがわかってくれる人だけに買ってもらえばいい」と思っているのです。

彼もまた、たった一人でビジネスを始めた人です。糸島が気に入って移り住み、日本でプロダクトデザインをし、台湾の工場で製造してもらい、オンラインだけで世界中に売っている。50万円を超える高額商品ですが、これがすでに数千台売れています。売り込まない代わりに何をしているのかというと、**良さをわかる人だけに売っているのです。そうするとどうなるのかというと、良さがわかる人がその良さに感動して、良さがわかる他の人を連れてきてくれる**のです。

この商品を教えてくれた僕の友人は、20台くらい紹介して売ったと語っていました。売り込まれないと、逆に人に伝えたくなってしまうのです。僕もそのうちの一人で、すでに僕の口コミのおかげで10人が彼のグラインダーを買っています。何がいいのかというと、とにかく高いのですが、世界一性能がいいのです。そしてかっこいい。だから、この金額を払うコーヒー好きが世界に数十万人はいるのです。

WAGYUMAFIAも、そうなることが理想だと思っています。僕たちがWAGYUMAFIAを褒めるのではない。**「WAGYUMAFIA、行ったほうがいいよ」とお客さまに言ってもらえるようになる。**

これは、とても重要なことです。そのためにも、**事業への思いを発信することが大切**だと思っています。僕たちの場合は、**「一緒に生産者の思いを共有しよう」**。売り込むのではなく、こうした共感こそが、本当のお客さま、本当のファンを獲得してくれるのだと思っています。間違っても、売り込むことではない。

それこそ、売り込んでお客さまの数が増えすぎるのも、問題なのです。WAGYUMAFIAは当初、会員制で始まりましたが、なかなか会員になれないとよく叱られました。これは、僕たちがむやみに人を入れないようにしていたからです。オーナーである僕や堀江に直接頼んだとしても会員にはなれません。

そして、既存会員を大切にしたかったからです。その後、既存会員の中でも、僕たちの**ものすごいファンを顕在化させていく取り組み**を進めました。会員制の中でも、使用頻度に応じてランクを作っていったのです。

ランクごとに、呼ばれるイベントも変わりますし、座れるポジションも変わります、紹介される食材リストも変わる。普通の会員の方はもちろん気づきません。僕らのことをファンになってくれて、常連になった瞬間に気づくのが、この仕組みです。

売り込んで会員を増やしていくのとは、まったく逆の動きでした。でも、これがまた支持されたのです。

キーパーソンは産地に連れていけ

海外のビジネスのキーパーソンに、僕の扱う和牛を知ってもらう。その最良の方法は、**生産者に協力をしてもらって、産地を見てもらう**ことです。

キーパーソンに100時間プレゼンテーションするよりも、産地に連れていって、生産者に会ってもらったほうが、和牛に対する理解は圧倒的に早いのです。

だから、長々と時間をもらう努力をするより、日本に連れていく努力に変えたほうがいい。連れていけば、間違いなくキーパーソンはファンになります。

親しくなったシェフたちも、香港のジェロも、尾崎さんのところに連れていきました。なぜ和牛を始めることになったのかを直接聞いてもらって、僕と同じ原体験をしてもらいたいと思ったからです。

ジェロも、尾崎さんに会った体験は強烈だったようで、今でも当時のことを語ったりします。

彼は普段は現場に立たない人間ですが、WAGYUMAFIAに関しては、思い入れが違うようです。人手が足りないとき、なぜか現場で「いってらっしゃい」の挨拶をしていたりする。これは、僕と同じ原体験をしているからだと思っています。

また、尾崎さんにとっても、ジェロという人が自分の牛を売ってくれるんだという思いが生まれます。尾崎さんも鹿児島からの直行便を利用して、尾崎牛をＷＡＧＹＵＭＡＦＩＡ香港で食べるツアーを自ら組んでくれたりと、積極的に応援してくださっています。

尾崎さんは、海外のワイナリーの当主のような雰囲気を持っている人です。話す能力も高いので、僕がまた聞きの尾崎さんの話をするよりも、尾崎さん本人が直接、話すと熱量がまるで違います。これはやはり、心に刺さると思います。だからこそ、直接、会ってもらいたかった。

尾崎さんのところに連れていっての反応で面白いのは、「どうして放し飼いにしないのか」とよく聞かれることです。牛といえば、放牧で育てられているというイメージを持っている人も多いのでしょう。特に海外では。でも、和牛は違うのです。

尾崎さんはこう言います。和牛は１２００年くらい家畜として飼われている。みんなと一緒に寝ている感覚なんだ、と。放牧して草を食べてもらうのではなく、水も草もすべて人間が与えていたのが、和牛。だから、このサイズの牛舎が、彼らにも一番都合がいいのだ、と。

その上で、どんなふうに和牛が育ってきたのか、尾崎さんは語ります。

パンチがあるなぁ、といつも思うのは、和牛の厩舎の横、すぐ近くに生きた和牛がいる場所で、和牛の料理を食べることです。これもまた、鮮烈な印象を残すようです。

しかも、尾崎さんが作る和牛の料理が本当においしい。

「こんなにおいしい和牛は食べたことがない」

といつも言われます。アメリカの牛と同じような感覚でタレまみれで出したりすることはないので、驚きの声が上がります。日本食ですき焼きになったり、ハンバーグにして塩だけで食べたり、素材の味がより鮮明にわかる食べ方をさせてくれます。

ワイナリーでワインを飲むのと似ているかもしれません。そうすると、ワインのことが語りやすくなるのです。

尾崎さんのところ以外では、と畜の現場や豊洲の市場にも連れて行きます。日本人がいかにクリーンな環境で和牛を扱っているか。それを見てもらうことができるからです。

2019年、神戸ビーフの総元締めである流通推進協議会は、WAGYUMAFIAと組んで、海外のメディアや海外のシェフを公式招待する取り組みを行いました。協議会100年の歴史の中で、これは初めてのことでした。

世界から10人のトップシェフとトップジャーナリストを集め、1週間かけて神戸ビーフの共進会のチャンピオンシップの競りを見てもらったり、と畜の現場を見てもらったり、いくつかの生産者も回ってもらいました。また現地で神戸ビーフがどんなふうに食べられているのかを知ってもらう。

言ってみれば、**神戸ビーフの世界の生態系すべてを見てもらう、体験してもらうというツアー**でした。そして、インスパイアされた神戸ビーフのストーリーを、自分たちのプレートに盛ってもらい、最終的に全シェフと僕で、WAGYUMAFIAで一品を出し合っていく、という世界トップシェフの競演イベントで終えました。大盛況でした。とてもいい取り組みだったと思っています。

そのときのシェフの中に、最速でミシュランの星を取ったとロンドンで話題になっていた若いシェフ、トモス・パリーが来ていました。彼は、アジアに来たのは初めてだと言っていました。そこで僕は、東京でお気に入りの場所に彼を連れて行くことにしました。新宿の思い出横丁です。

僕はワールドツアーなど、長く海外にいて日本に戻ってくると、決まってすぐに横丁に行くのは、先にも書いた通りです。何軒もハシゴして、食べて飲んでを繰り返します。これが日本の最も誇るグルメのひとつだと思うからです。海外に出ると、余計にこの場所に来たくなるのです。

しかも、焼きとんを食べて、その後寿司を食べて、最後にラーメンを食べても1万円でお釣りがくる。そんな国は、世界中どこにもないと思います。

トモス・パリーは、新宿の思い出横丁にある、もつ焼き屋に連れていきました。まわりでは、あちこちでタバコを吸っていますから、ウェールズ人の彼にはとても衝撃だったと思います。その雰囲気と雑多な横丁感にただただ、感動していました。

店の雰囲気はじめ、いろいろな意味で大きなカルチャーショックを受けたようでしたが、日本をとても気に入ってくれました。日本語を学んで、日本で何かやりたい、と後に真剣に言い出すまでになりました。

エル・ブジのフェラン・アドリアは、ちょうど年末だったので、初詣の日枝神社に連れていきました。彼が感動していたのが、屋台です。もう食べまくっていました。翌日は千駄ヶ谷にあるタクシー運転手御用達のホープ軒でラーメンを一緒にすすりました。これまで、いろいろな有名店に案内されていたようでしたが、「長く座らせられるのはつまらない。こういうストリートフードが一番うまい」と言ってくれました。たしかに日本でしか味わえないもの。こういう歓待の仕方もあるのです。

僕たちは和牛を扱っていますが、最終的にはやはり日本のファンになってもらいたい、僕らが住んでいる日本を好きになってもらいたいという思いがあります。海外の人から見れば、もっともっと料理に使えるものはたくさんあると思うのです。

そんな、いろんなアイデアがもっと活性化するように、僕はいろいろな場所を見てもらいたいと思っています。

そのヒントになったのは、**イタリアのアグリツーリズモ**でした。**アグリカルチャーとツーリズムを合わせた造語**です。現地で農業を見られるツアーです。

実際、参加して現地で見ると、印象がまるで変わります。初めてトリュフを見たときは、「今まで知っていたトリュフとぜんぜん違っている！」と思いましたし、キャビアも20箇所くらい回って、「これが本物のキャビアだったのだ！」と気づきました。

本物を現地で見ると、記憶の深度は圧倒的に変わります。日本は見せられる環境がたくさんあるわけですから、できるだけ日本に来てもらって、フルアテンドしてファンになってもらいたいと思っています。

第 5 章

世界に響くPRの方法

ネーミングにこだわれ

自分がやろうとしていることを、パッと見たり聞いたりすると**一目でわかる、一瞬でわかる。**そういうサービス名称が、極めて大事になると思っていました。

0・1秒、1秒、3秒という言葉を、僕はよく使います。ネーミングで重要なのは、**1秒で理解できるものでなければならない**、ということです。卸のビジネスをしているとき、「神戸ビーフ」は1秒で通じました。ただし、他社も扱っていた。

和牛ビジネスをやるなら、神戸ビーフよりも強いネーミング、1秒でイメージできるブランド名を作らなければいけないと考えていたのです。そうすることで、和牛ビジネスとしての差別化を図ることができる。

神戸ビーフよりも、上位レイヤーに存在するブランドを作ろうと、必死になって知恵を絞って、出てきたのが**「WAGYUMAFIA」**だったわけです。

一方で、WAGYUMAFIAが生まれて2年後から僕たちが始めた、和牛をのせたまな板を差し出して**「いってらっしゃい」と声をかけるパフォーマンスのインパクトは、0・1秒のもの**

だと思っています。

0・1秒で瞬時に鮮烈な印象を与えられるもの、そして1秒でイメージしてもらえるもの。WAGYUMAFIAがとりわけ外国人に支持してもらえたのは、この2つがあったからだと僕は思っています。

逆に言えば、**3秒考えさせたらダメだ**、ということです。3秒以上、考えさせるネーミングやパフォーマンスは理解されないのです。

実際、「WAGYUMAFIAは何をやっているんですか」と聞かれて説明したことは、僕はほとんどありません。和牛という言葉と、和牛をコントロールするマフィアという言葉をつけることによって、1秒で理解できるのだと思います。

多くのケースで「クールネームだね」「WOW!」という反応です。やはりネームの強さがあるのだと思います。それは、マフィアという言葉が入っていることが大きいのかもしれません。

ずっと考えていて突然、思い浮かんだのが、「WAGYUMAFIA」でした。これは、僕が考えた造語です。先にも少し触れていますが、アメリカでは、ペイパルをやめた人がペイパルマフィアと呼ばれていました。アマゾンをやめた人は、アマゾンマフィアと呼ばれています。

マフィアというと、昔のイタリア映画のようなネガティブなイメージがないわけではありませんが、ここでは**「強い絆を持った仲間」**といった意味で捉えられています。ただ、普通に「FRIEND」「FAMILY」といった言葉では、どうにも弱いし、ちょっとニュアンスが違う。そこで「MAFIA」という言葉が使われたのだと思うのです。

実際、ペイパルマフィア、アマゾンマフィアといった言葉は、独特のイメージを持つユニークな言葉として、アメリカではどんどん使われるようになっていきました。

もしかして日本人からすると、「マフィアなんて言葉はちょっと……」と思われるかもしれません。ちょっとダサくない？　今っぽくなくない？　野暮ったくない？　というイメージもあるかもしれません。

実のところ、僕もそう感じました。でも、だから逆にいいと思いました。実は**ダサいものというのは、わかりやすい**のです。そして、カッコイイものはわかりにくいことが多い。ファッション関連の仕事をしていたとき、世界的に知られる人気ブランドのトップから、言われたことがありました。

「自分たちが考えるカッコイイものというのは、売れない。逆に、僕たちが見て、このくらいでいいだろうか、と思えるくらいのものが売れる」

僕はカッコイイものばかり作ろうとしていたので、この言葉がとても強く響いたのでした。

実は当初、僕も「WAGYUMAFIA」は言葉としてちょっと強すぎるのではないかとも思っていました。しかし、強すぎるくらいの言葉が、自分の中で求められていたのだと思います。だから、思いついたのだと思うのです。

そして先にも触れたように、半年くらい寝かせていたWAGYUMAFIAのネーミングは、京都のイベントのときにお披露目することになるわけですが、「これだ」とはっきり確信できたのは、デンマークのコペンハーゲンで当時取引していた「MASH」のオーナーが、「それはものすごくいいじゃないか」と褒めてくれたことが大きかった。それで、僕はインスタグラムも名前も、その場でWAGYUMAFIAに変えたのでした。

一方で、映画ビジネスの時代の姉貴分的な香港の名プロデューサー、ナンサン・シーにも、意見を聞いてみました。中国映画を世界に紹介した人で、いろいろなことを経験してきた60代。何かあれば、よく相談をしていた人です。

そうすると、「言葉として強すぎるし、マフィアなんて言葉はやめなさい」と言われました。大反対されたわけですが、僕は逆にこれはいいな、と思いました。ナンサンが、そこまで反対するのも面白い、と感じたのです。

炎上狙いではありませんが、しっかり頭の中に響く言葉として残るワードなんだな、と再認識することができたからです。お金も何もない中で、インパクトもなく、理解も時間のかかるようなものを作ってもしょうがない。

やがてＷＡＧＹＵＭＡＦＩＡは、神戸ビーフや尾崎牛、和牛という言葉より前に出てくるようになっていきました。これには、いくつかの理由があると思っています。ひとつは、あえて横文字にしたことです。さらに、二語にしていないこと。

ＷＡＧＹＵＭＡＦＩＡは、ＷＡＧＹＵＭＡＦＩＡでＷＡＧＹＵ ＭＡＦＩＡではないのです。もし、二語にしていたら、不快感を持つ人が多かったかもしれない。ＷＡＧＹＵとＭＡＦＩＡではなく、ＷＡＧＹＵＭＡＦＩＡという新しい言葉を作った。同じようなことを、堀江も言っていました。

そして一語にしたからこそ、イメージが強くなった。世界戦略を捉えるための旗にするつもりでしたから、本当にいいネーミングが生まれたと思っています。

海外の人たちにも発信しやすい、名前が独り歩きするようなものを、作りたかったのです。

スタイルから入れ。見た目を気にせよ

WAGYUMAFIAのイベントでは、先にも触れたように有名な若手スタイリスト、丸本さんにファッションのコーディネーションをお願いしました。

実のところ、お金がかかります。制服もけっこうなお金がかかっています。もちろん、お金に余裕は当初、ありませんでした。

それまでのWAGYUMAFIAになる前のイベントでは、オリジナルのTシャツを作って、スタッフみんなで着ていました。できあいのTシャツで、とてもユニフォームと呼べる代物ではありませんでした。

これを見た丸本さんに言われました。

「Tシャツはないよなー。最高の和牛でしょ。世界で一番高い肉を扱おうとしているのに」

実のところ、僕自身もそこまで気が回っていませんでした。たしかに言われた通りでした。

「スーツだよ、浜ちゃん。**世界最高の牛を売るための戦闘服**」

WAGYUMAFIAは、最初からコンセプトシートにイメージをデッサンしました。祇園のこういう横丁でこういう形で写真を撮って、ダフトパンクのCDジャケット写真のようにしたいと、彼に伝えました。とにかくファッション面でもクリエイティブにこだわったのが、WAGYUMAFIAです。

こうして初となる祇園のイベントで、コーディネーションをお願いして生まれたのが、最初のWAGYUMAFIAの侍シェフスーツでした。

一着30万円。堀江は当初、この値段を面白そうにゲラゲラと笑っていましたが、ネクタイをすると言うと顔が曇ったことを今でも忘れません。

そして、WAGYUMAFIAの文字を書道家に書いてもらい、納得のいくものを選んだりと、クリエイティブをかなり入れるようになりました。クリエイティブを入れたら世界が変わるからです。

これは、和牛ビジネスを始めて改めて感じたことですが、**食の世界でも見た目は極めて重要**だ、ということです。だから、カッコから入ったほうがいい。

というのも、欧米の一流のシェフたちは、とてもスマートだからです。体形もスリムな人が多く、何よりもとてもお洒落です。当然かもしれません。料理というクリエイティブな仕事をしているのです。お洒落じゃないはずがない。

では、そんなお洒落な人たちに、食材を卸している人たちは果たしてどうか。ダサいオジサンファッションで来られたら、彼らだってゲンナリだと思うのです。

実際、神戸ビーフを世界で売っていた人たちは、僕から見て、そんなにお洒落でカッコイイ人たちには見えなかった。普通の会社員の人ばかりだからです。だったら、ここで大きな差別化が図れるぞ、と思いました。

「お、こいつはちょっと違うぞ」という格好で行くだけでも、違う印象を作ることができるのです。**世界最高のハイエンドの食材を使うのであれば、お洒落でないといけない。**一流のシェフたちとおつきあいをするには、カッコ良くないといけない。

日本の食が世界に通用するようになったわけですが、ここでも僕はいくつか疑問がありました。例えば、寿司の職人。日本では、どの寿司の職人も、同じような格好をしています。メーカーの作った割烹着を着ている。

違いといえば、胸に店名の刺繍が入っているくらいです。ところが世界のシェフとつきあうようになってわかったのですが、それぞれの店にはちゃんとデザイナーがついていて、一つひとつのレストランのユニフォームが違うのです。

こういうところにクリエイティブを入れることは当たり前になっている。衣装には、かなりのお金をかける。ところが日本では、コストとして捉えられてしまっているのか、みんな同じ。そこにお金をかけているように思えないのです。

海外の一流シェフの料理と同じくらいの金額を取るにもかかわらず、着ているものは、もしかしたら数千円レベルかもしれない。これはおかしいと僕は思っていました。

ましてや今は、シェフは撮られる側なのです。メディアなどから食事を作っているところを写真で撮られる。だから、撮られるべき格好をしておかないといけないということです。

この傾向はますます強くなっていくと感じています。やはり見た目を気にできない人は、仕事がどんどん厳しくなっていくと思います。これは、どんな世界においても、です。

僕は、和牛の競りにも参加しますが、**共進会の競りのときに着ていく特注スーツ**を作っています。競りに参加している人たちは正直、あまりカッコなんて気にしていなさそうに思える人たちです。

でも、そこに一人、特注のスーツで座っていると、めちゃめちゃ目立ちます。もちろん、長靴も特注です。

これが大ウケしました。インスタグラムに競りの様子をアップしたら、世界からも、ものすごい反響が来ました。世界一の牛を世界一の金額で買うわけです。競りの会場は、クリスティのオークション会場と同じ場所なはずなのです。

これからの時代はこうでないといけない。みんなお洒落でないといけない。そうでないと、若い人が入ってきてくれない。憧れてくれない。そんな声もたくさんもらうことができました。実際、こういう時代が来ていると思うのです。

スタイルから入り、見た目を気にする。そんなことはどうでもいい、と考える人もいるかもしれません。でも、やっぱり見た目で、人は大きく変わっていくものだと思っています。

女性でも男性でも、魅力のある人は色気があるものです。それは、見た目を気にしているから。これがなくなると、食べるものもどうでもよくなり、運動もしなくなり、ぶくぶくに太っていってしまったりする。着られる洋服も限られてしまい、洋服への興味もなくなってしまう。

ちなみに、WAGYUMAFIAの制服は、試作を作るのに、100万円ほどかかっています。30万円のスーツなんて高いと思えるかもしれません。しかし、30万円のスーツを着ることによって、そのスーツを着ている人たちと実はアクセスできる権利を持てる、ともいえます。実際、30万円のスーツを着たら、30万円の姿勢になるし、振る舞いになるのです。

そして、京都の祇園の小さな路地で撮影をしました。世界の人たちが見たとき、「うわ、なんだかこいつら面白いな」と思ってもらえるようなものにしたかった。

ここでも、**0・1秒、1秒、3秒です。シェフもアーティストとしてクリエイティブな領域に入る**と僕は思っています。一瞬で、その雰囲気が伝わるようなファッションに身を包んでいないといけないのです。

ブランディングは小さくやるな

ＷＡＧＹＵＭＡＦＩＡのプロモーションに関して、ひとつ強調しておきたいことがあります。それは、僕たちは**広告を一切打たなかった**ことです。広告費用は今日の今まで1円もかけていない。その代わり、ブランディングプロモーションにつながるところにはお金をかけました。そうすることで興味を持ってもらい、メディアにも取り上げられることになった。

例えば、僕たちの名前が最初に大きく出たのは、２０１６年の共進会の競りで、その年の神戸ビーフのチャンピオン牛を競り落としたことです。

世界で一番高い神戸ビーフのチャンピオン牛を、ＷＡＧＹＵＭＡＦＩＡという去年まではいなかった新参者が競り落として買ったのです。これは、神戸ビーフの歴史の中でもかつてなかったことでした。

そして僕たちはインスタグラムやウェブサイトを使って全世界にこの出来事を配信したのです。

ＷＡＧＹＵＭＡＦＩＡという新しいチームが、世界一の神戸ビーフを競り落とした。海外メディアにとっても、とてもわかりやすいニュースになるわけです。

マグロで高額の競り落としがあると、日本でもときどきニュースになりますが、世界でも大きく報じられています。マグロがこれだけニュースになっているのに、なぜ神戸ビーフの競りは業界誌くらいでしか記事にならないんだろうかと不思議に思っていました。

だったらこれを、全世界のニュースに年一度、出せるような形にできないか。そう考えて、競りに参加してチャンピオン牛を競り落とすことにしたのです。翌年以降は、競りに参加する前に海外メディアに発信して、取材をしてもらうことを考えました。

そうすることで、多くの人に存在を知ってもらうことができる。知ってもらうには純粋広告を打たなければいけないわけではありません。それ以外にも方法はあるのです。先に書いたワールドツアーもブランディングプロモーションのための投資の位置づけでした。

ただ、中途半端なことをしても、メディアには取り上げてもらえないし、人から興味は持ってもらえない。**大胆なことをやる、派手なことをやる、思い切ったことをやる**ことが必要です。

ブランディングにおいて、当初からこだわっていたことがあります。それは、**英文で発信して**

いく、ということです。

もちろん日本の新聞に掲載されるのも、ありがたいことではありますが、当初はグローバルに和牛を売ろうとしていたわけですし、その後もインバウンド、国際展開を意識していましたから、日本の新聞に出ても、あまり意味がないのです。

それよりも英字新聞に取り上げてもらう。英語の記事を書いてもらう。逆に言えば、**英語で書いてもらえるような取り組みを意識する**、ということでもあります。

それこそ神戸ビーフのチャンピオン牛を新参者のWAGYUMAFIAが競り落とした、などというのは、海外メディアにとっても、とても書きやすいわけです。こうした、書きやすい取り組みを意識していく必要があるのです。

そしてもうひとつが、**SNSを徹底的に利用する**こと。中でも**インスタグラム**です。ビジュアルのインパクトは本当に大きい。しかも、写真は言葉が不要ですから、海外の人にもすぐに理解してもらえる。これについては、次項で詳しく書きます。

もうひとつ、僕たちが力を入れていたのが、**告知媒体としてのクラウドファンディング**です。これも、ブランディングの一環と考えていいと思います。堀江のサポートもあって、国内のクラウドファンディング、キャンプファイアーを積極的に活用しました。

最初に作った赤坂のお店は、会員のみが入れる仕組みにして、会員権をクラウドファンディングで募りました。これも、大きな反響を得ました。

飲食店は、最初の出店費用が最も大きな出費になります。そこで、ここに投資をしてもらう代わりに、店に来ることができる権利を手に入れる、という形にしたのです。たくさんの方に権利を買ってもらうことができ、できるだけ費用をかけない出店にしたので、**出店費用の大部分をクラウドファンディングでカバー**することができました。

ラーメン店を作るときも、3000万円の出店費用のうち、半分ほどをクラウドファンディングでカバーすることができました。

その他、競り落としたチャンピオン牛を提供する会、和牛カツサンドの専門店、新店舗ができる際の新たな会員募集などで、合計12のプロジェクトを行いました。

改めて感じているのは、単体のプロジェクトでお金を集めることは決して簡単ではない、ということです。大きな額を達成しているのは、新しい店舗ができるときの新たな会員募集です。僕たちは会員に希少性を持たせるために年1回くらいしか会員募集をしませんでしたので、そのたびに大きく数字が跳ね上がりました。

その意味では、**クラウドファンディングは失敗も含めた学びの歴史**でした。他の事例で多くの額を集めているケースも目にしますが、実は裏側を見てみると自分たちで購入しているケースもあるようです。また、リターンの魅力に支えられているケースもある。

絶対にやってはいけないのは、食事券プレゼントなど、**未来のお金に手をつけてしまうこと**です。こうなると、一時的にクラウドファンディングで入ってきたお金を使ってしまったら、後々、自分たちを苦しめることになる。売れているのに、食事券を使われて、お金が入ってこないようなことになりかねないわけです。

これまでの経験では、会員権募集には確実に反応があります。メンバーシップの仕組みを取り入れ、かつユニークなプロジェクト、高額商品などで話題を獲得することができれば、何かを告知するプロモーションとしても使えると考えています。

画像、動画をうまく使え

ＷＡＧＹＵＭＡＦＩＡの名前が広がっていった最大の理由は、僕はＳＮＳにあったと思っています。中でも、インスタグラムです。ビジュアルのインパクトは本当に大きい。写真や映像は、すぐに理解してもらえるのです。

実際、改めて動画の威力を知ったのが、ＷＡＧＹＵＭＡＦＩＡの祇園のイベントでした。これが、大変な再生回数になりました。

インスタグラムを支持してもらえた理由、これはフォロワーが増えていった理由でもありますが、**同じ内容、同じコンテンツを上げていくこと**です。僕がやっていたのは、**とにかく肉しか出さない。和牛のことしか出さない。**ひとつのことしか出さないのです。

インスタグラムでうまくいかないのは、あれもこれも、いろいろなことを出そうとしてしまうことです。肉も、ワインも、ビールも、野菜も出してしまう。これでは、一貫した世界観が出せません。

大事なことは、**同じことをずっとやり続ける**ということです。ＹｏｕＴｕｂｅもそうですが、やり続けているか、やり続けていないかで結果は大きく変わる。途中であきらめて、続けることをやめてしまったり、変えてしまったりすると、うまくいかなくなるのです。

ただ、その気持ちもわかります。何カ月も成果が上がらないと、心が折れそうになる。僕たちの最も成功したインスタグラムのコンテンツは、カツサンドでしたが、最初はまったく反応がなかった。

それでも、カツサンドとカツサンドを食べに来てくれた人しか載せませんでした。そうすると、世界中からカツサンドを求めにお店に来ているんだな、というブランディングになるのです。**心が折れそうな中でも、同じことを続けていく。ずっとやり続けていく。それが結果を作ってくれたのだ**と思っています。

また、競りの現場とか、厨房とか、イベントの様子とか、**普通では見られない舞台裏も見せていくのも、重要なコンテンツ**のひとつです。

このときも、**世界観を貫く**ことは意識する必要があります。「いってらっしゃい」の野太い掛け声のイメージもありますから、僕は普段でも笑わないように気をつけていました。これが、WAGYUMAFIAの世界観だからです。

写真、映像を撮る上で重要なことは、**主題を決めておく**、ということです。**この写真や映像で**

何を伝えたいのか。どうしてほしいのか。それをはっきりさせる。

例えば、後にオープンしたラーメン屋で、僕がラーメンを食べるシーンを全世界配信していた時期があります。麺があり、スープがあり、僕は食べていくわけですが、最後に食べ終わったときに、箸をラーメン鉢の上でバッテンさせるのです。僕が、メッセージしたいのは、実はこれでした。

本当はマナーとしてはよくないことはわかっているのですが、食べ終わったというイメージで、このバッテンは映像としてとてもインパクトがあるのです。だから、僕はこれを世界に広めたいと思ったのです。

そうすると、実際に全世界の人たちがマネを始めるのです。ラーメンを食べ終わると、ラーメン鉢の上で箸をバッテンする映像が次々に上がってくるようになる。それを僕はシェアしていきます。

すると何が起きるのかというと、全世界の人たちが違うお店のラーメンを食べているのですが、**バッテンは僕たちの「MASHI NO MASHI」の象徴。**そうすると、僕たちのプロモーションをしてくれているかのようになっていくのです。

インスタグラムを始めたとき、僕にはフォロワーが2000ほどしかありませんでした。これをなんとか1万に持っていこうと、当初は奮闘していた記憶があります。英語で配信をしていたわけですが、コメントやプライベートメッセージをよくもらったのです。

それに対して**丁寧にやりとりをする**ようにしていました。さすがに今はメッセージが大変な数なので難しいですが、「こんど日本に行くのだが、どこかお薦めのレストランはないか」などと聞かれると、丁寧に対応する。

そうすると、この人が本当に日本に来て、カツサンドの店に寄ってくれたりする。それをインスタグラムにアップして、僕たちもシェアする。こうしたコミュニケーションを丁寧にやっていました。

そして**フォロワーが1万を超えた頃、変化が表れた印象**がありました。おそらく裏側のアルゴリズムが、影響力のある人がより露出するようになっていくのだと思います。反響が、一気に増えていきました。

そして僕が積極的にやるようになったのが、**24時間でコンテンツが消えてしまうストーリーを活用していく**ことでした。メインの枠では、相変わらず和牛に徹底的にこだわっていましたが、**ストーリーでは、僕という一人のシェフのプライベートライフを出していく**ようになりました。シェフとして僕の名前が出始めた頃です。

趣味のコーヒーを見せたり、ジョギングの景色を映したり、料理をしているところを出したり。

メインの枠でしっかりＷＡＧＹＵＭＡＦＩＡをブランディングできたら、一方で**ストーリーではパーソナルな一面を見せていった**のは正解だったと思っています。

ＷＡＧＹＵＭＡＦＩＡや僕が、海外で知名度を上げていったこともありますが、プライベートな姿を見せることによって、**親近感を醸し出せた**のではないかと思うのです。

そしてこれが物販につながったりする。新型コロナウイルスで家に籠もっていた頃、ライブで料理を作る映像を長いときには2時間くらい流していました。これを50カ国くらいの人たちが見てくれていたのです。

僕が家で料理に使っている包丁やフライパンは、ＷＡＧＹＵＭＡＦＩＡの通販サイトで売られているものです。長く料理の中継をしていると、なんとその包丁やフライパンが次々に売れていったのです。これにはさすがにびっくりしました。

これからのプロモーションは、**文章より画像、そして映像**だと思っています。インスタグラムがこれまでのように今後も支持されていくかどうかはわかりませんが、映像の流れは確実でしょう。

最近では、ＹｏｕＴｕｂｅが盛り返してきています。僕自身もＹｏｕＴｕｂｅで情報を吸収することが増えています。今は料理関係も、本当にいろいろな情報がＹｏｕＴｕｂｅにアップされています。動画は文章よりもわかりやすいですし、情報量が多い。

日本の料理レシピを扱っているコンテンツも大変な人気になっているようです。英語だけでやっている人はまだほとんどいないので、僕らも狙っているところです。難しい英語を使う必要はありません。映像を撮っておいて、少し英語を載せていくレベルでいいと思います。

WAGYUMAFIAは、初期の頃からイベントを動画にまとめて配信していました。また、大きなイベントをするときには、動画を使ってプロモーションすることもありました。今では、「WAGYUMAFIA TV」という動画専門サイトを持っています。

もともとは、会員向けにマンスリーの情報を英語でメール発信していました。そこに映像も見られるようにしていたのですが、外国人が日本に来られないこともあり、コロナの時期からは日本向けに配信することにしたのでした。

動画は、編集する必要はないと僕は思っています。それが今のスタイルです。ライブ撮影で動画を撮っておいて、そのまま無編集で使う。そのほうが、発信も早くできます。それこそ、iPhoneで撮って、iPhoneで発信すればいい。

今は作り込んだものよりも、**生っぽいもののほうが、支持される時代**なのだと思います。

タイミングを見極めよ

よく勘違いされることがあるのですが、メディアにたくさん出れば、それがそのままPR効果につながったり、ブランディングにつながったりするのかというと、必ずしもそうではない、ということには気をつけなければいけません。

僕がときどき心配になるのは、**「まだ時期ではないのになぁ」と思えるタイミングで、テレビの情報番組に登場してしまったりすること**です。使える〝カード〟がたくさんあるタイミングなら、テレビに大きく取り上げられれば、それだけたくさんのことを伝えることもできます。

しかし、そうでないときに出たら、もったいないことになる。「今じゃない。今は有名になっちゃいけない」というタイミングで、そうなるケースはよくあるのです。

もうちょっと待って、我慢して、しかるべき時期がくれば、そのときにこそ出るべきです。そうすれば、たくさんのことが語れる。加速度的にPR効果も伸びていく。タイミングが極めて重要なのです。

PR業界の言葉に「悪いPRはない」というものがありますが、僕は違うと思っています。**ど**

の段階でもＰＲをしていいのは、インスタグラムなどパーソナルメディアです。これは、どんどんＰＲすればいい。

しかし、マスメディアに出るときには、メディアコントロールができない人は危険性をしっかり認識したほうがいいと思っています。というのも、勝手にイメージを作り上げられてしまうリスクがあるからです。相手にとって、都合のいい出し方をされてしまう。都合よく取材され、編集されてしまう。

メディアもビジネスです。視聴率だったり、ページビューだったりも大きな目的です。取材対象者は、それが獲得できるための「商品」でもあるのです。だから、彼らの目線で「商品」を見せようとする。

自分としては「ここを見せたい」「強調したい」と思っていても、メディアはそうは思わない可能性もあります。逆に「ここは見せたくない」と思っていたところに、メディアが注目してしまうかもしれない。

自分のバリューは、自分でしっかり認識し、自分で守っていかなければいけません。そうでないと、メディアにいいように使われてしまう危険があるのです。

これがわかっているので、**僕は日本のメディアには基本的に出ませんでした。**たくさんの依頼をいただきますが、ほとんどお断りをしています。なぜなら、僕にはメリットはないから。僕自身、そのタイミングだと思っていなかったから。

2019年に一度だけ、日本のウェブメディアの取材を受けて記事が配信されましたが、4年目にして初めてのことでした。WAGYUMAFIAが何をやっているのか、どんな歴史を持っているのか、そろそろ出してもいいのではないか、と思ったからです。

もとより、僕が取り組みたかったのは、**和牛を世界に知ってもらうこと**でした。日本でどんなに取材してもらったところで、世界につながらなければ意味がなかったのです。

最終的に、自分はどうなりたいのか。僕の中には、トップ和牛で世界一になるという夢がある。そこに向けて、日本のメディアに出ることが重要なのであれば、出る必要があるでしょう。

しかし、そうではないわけです。日本の大手新聞やテレビに100回出たところで、世界一になれるわけではない。このあたりは、極めてドライに考えたほうがいい。メディアに出れば自己満足はするかもしれません。しかし、本当に意味があるのか。

これはすべてに通じることですが、時間は貴重なのです。あらゆるものに時間を使っていたら、自分の時間はなくなってしまう。すべてのメディアに対して、対応することはできないのです。

僕が今、注力しているのは、**英語のメディア**です。英語のメディアからのオファーには、積極的に応じます。なぜなら、海外に向けてアピールできるから。いろいろな国に出ていくという目的に近づくことができるから。

また、**海外の有名なユーチューバーから声をかけてもらったら、内容をしっかり精査してから積極的に対応**します。

3年目からは、僕たちはPRチームを香港に作り、「競りをやりました。世界一の和牛を買いました」といったリリースを世界の通信社に送っています。それを経由して取材が来たものに関しては、僕が引き受け、海外に向けて発信するようにしていました。

そこまでしなくても、海外メディアに取り上げてもらえるチャンスはあると僕は思っています。例えば、フード系の外国人のライターをツイッターで検索して、ダイレクトメッセージを送ってしまう。

新聞社や企業に代表メールから連絡しようとしてもなかなか難しいですが、ソーシャルメディアやツイッター（現X）をやっている記者はいるはずです。それを探して、ダイレクトにアプローチするのです。また、インスタグラムやYouTubeにも、フード系のライターや記者は必ずいるはずです。見つけて、当たってみる。

3年目になり、僕自身に世界中からシェフとして招待が次々に来るようになってきて、**イギリ**

スのPR会社と契約することにしました。このPR会社は、世界のトップシェフを20人ほど抱えているのです。

抱える案件が高度になり過ぎて、WAGYUMAFIAのシェフとしての僕の立場を伸ばすには、スペシャリストが必要だと考えたのでした。中東の国の王族から、和牛を食べたいので来てほしい、と言われたときに報酬を含めて交渉しなければいけないのです。これはなかなか大変なことです。

このPR会社を選んだのは、**世界のトップシェフの情報・相場を持っているから**です。例えば、どんなところで、どんなことをすれば、あのクラスのシェフならどんな条件になるか、ということを知っている。

知人のシェフにこのPR会社の紹介を受けたのですが、「おそらく受けてはもらえないだろう」と言われました。「だから、がっかりしないでね」とも言われていたのですが、PR会社がWAGYUMAFIAのことを気に入ってくれたのでした。ちょうど、新しいことをやっているアジアのシェフを探していたんだ、と言ってくれました。

そして2020年の最後に、個人とWAGYUMAFIAのマネジメントとしてロサンゼルスのウィル・スミスなどのマネジメントをする会社が初のシェフ枠として担当してくれることになり、ようやくアメリカ進出のチーム編成が出来上がりました。

「広告費にはお金をかけるな、ただしチームにはお金をかけろ」。すべてはトップチームをどう編成しマネジメントするかがテーマです。

ちなみに、日本であまり情報発信をしてこなかった僕が、なぜ今こうして本を書くことになったのか。しかも、日本語で。

それは、本というメディアでは、自分の言いたいことを自分の言葉で書くことができるからです。誰かに取材され、誰かの視点で書かれるわけではない。しかも、読者の役に立つことができる。

本書を読んで、一人でも世界に挑んでくれる人が出てきてもらえたら、と思っています。

本当の姿を知らしめよ

世界的に寿司がブームになったのは、「すきやばし次郎」が映画『二郎は鮨の夢を見る』になったことが大きかったと思っています。寿司は、すっかり市民権を得ました。僕がびっくりしたのは、その映画で、ひたすら卵焼きを焼いていたお弟子さんのお話です。

彼は後に次郎さんのもとを離れてカナダに渡ったのですが、あまりうまくいってなかったようです。ところが、映画に出ていたことを知った大富豪が彼に投資をし、ニューヨークにお店を作ったのです。これが、大ヒットしました。映画の持つ力を、改めて僕は実感したのでした。

千葉にあるつけ麺屋さん「とみ田」を舞台にした映画『ラーメンヘッズ』も、世界で話題になりました。テレビの職人選手権で何度も優勝していたラーメン店ですが、その店のドキュメンタリーでした。これで「とみ田」も、世界的に有名になりました。

映画だけでなく、ネットフリックスも大きな影響力を持つようになっています。世界のシェフを追いかける番組「シェフズテーブル」シリーズのヒットをきっかけに、食を題材としたさまざまな番組が作られており、料理界にも大きなインパクトを与えています。

最近ではYouTubeやインスタグラム、TikTokなどのショート動画が料理の世界を牽引しています。新橋にある老舗喫茶店の「ヘッケルン」はプリンを回す動画が大ヒットし、世界中からファンが集まってきています。また炊きたてのお米を高速で握る動画がヒットした福岡出身の料理人・おにぎり太郎さんは、ニューヨークから招聘されるまでの世界的なブレイクとなりました。

世界は日本のコアな映像コンテンツを求めています。卵を焼き続ける職人の姿、プリンを回し続ける喫茶店、おにぎりを握り続ける姿、そういう日本では当たり前の映像が、世界コンテンツになる時代がやってきています。

もっともっと映像を活用して世界に情報発信していったほうがいいと思います。一番簡単な方法が、ライブです。動画を自分たちでどんどん撮る。それをインスタグラムなり、YouTubeなりにどんどんアップしていく。

大きな訴求力を持っている映像が、今は驚くほど安価に、簡単に作れるようになりました。僕は昔、映画に携わっていたので、これがいかにすごいことなのかがよくわかります。

かつてソニー時代、モントルー・ジャズ・フェスティバルの映像を再編集したことがあったのですが、これだけでかかった費用は3000万円でした。わずか1時間の動画ですら、これだけの費用がかかったのです。

ところが、今は同じくらいのクオリティの画像が、自分のiPhoneで撮れてしまえるようになった。とんでもないテクノロジー革命が起きたのです。これを利用しない手はありません。

実はツイッター（現X）が世界で一番使われているのは、日本だったりします。テキストを見ているのは、日本くらいなのです。世界は何を見ているのかというと、映像です。政治問題も取りざたされていますが、若い子たちを見ていると、TikTokしかやっていない。そのくらい映像が当たり前になっている。これからますます、この流れは加速していくはずです。

だから、**映像を配信する。コンセプトを決めてライブをしていく。**これは**一番お金のかからないプロモーション**だと思います。そして、先にも書いたように、とにかくやり続ける。例えば、ステーキを焼くなら、とにかく毎日ステーキを焼く。そうすれば、誰かが気づくのです。

そうやって**気づいてくれた人に対して、丁寧なコミュニケーションをしていく。**その友達を連れてきてもらう。そういうことを地道にやっていく。

難しい編集はいりません。ライブです。作りもののコンテンツに時間をかけているくらいだったら、毎日ずっとライブをやったほうがいい。そのほうが勝つ可能性があると僕は思っています。

メディアには流行り廃りがあります。YouTube、インスタグラムやTikTokがこれからどうなっていくかはわかりません。しかし、映像コンテンツの重要性は必ず残る。だから、ライブをやることです。国内向けでも、国外向けでも。

第6章

どう事業を広げていくか？

慌てるな

和牛ビジネスをスタートして10年。何もかも失った、どん底のところから始めて、海外向けの卸にチャレンジし、軌道修正してWAGYUMAFIAの店をスタートさせ、拡大し、海外への展開も始まって、だんだんと見えてくる景色が一変していきました。

VIVA JAPAN時代、3億円の赤字だったビジネスは、WAGYUMAFIA2年目となる2017年に初めて60万円の黒字を出しました。和牛ビジネスは僕の中では黒字にするのに通算10年かかりました。

そして2018年、1・1億円もの黒字を出すことになります。さらにWAGYUMAFIA6年目となった2019年3月期は3億円もの利益を出す目標を設定していました。

インバウンド需要がどんどん増え、海外の店舗展開もうまくいき、2020年も順調で10月からの半期で2億円を超える利益を計上できるのではないか、という予想をしていました。

2020年に入れば、中国の春節が待ち構えていました。花見、ゴールデンウィーク、そしてオリンピックです。過去最高の人がやってくると見込まれていました。その後は、桜の季節が来て、東京オリンピックに向けてインバウンドが右肩上がりで加速するだろうと思っていました。

ところが、そこにやってきたのが、新型コロナウイルスをめぐる世界的な大混乱でした。僕は、WAGYUMAFIAのロンドンの旗艦店の開店を目指すべく、準備をスタートさせていました。

ちょうど2月中旬から、イギリスでワールドツアーをやっていたのです。途中、アイラ島でウイスキーの蒸留所とミーティングをし、5月のウイスキーフェスティバルでまたイベントをやろう、という話になっていました。

3月の頭、思い出横丁に誘ったウェールズ人のシェフ、トモス・パリーとロンドンで会いました。少し前、ちょうど日本はダイヤモンド・プリンセス号で感染者が続出している時期で、日本は大変だけど頑張って、と方々で言われていたのですが、ロンドンに着くと、空気が一変していました。キャンセルが出始めている、というのです。

そして帰国すると、ロンドンのロックダウンのニュース。僕は堀江と緊急ミーティングを持ちました。これはまずい、と直感したのです。

その時点で、WAGYUMAFIAのビジネスは、売り上げの7〜8割を海外に依存していました。海外のお客さまによるインカムが、売り上げのほとんどなのです。典型的なインバウンドのビジネスモデルでした。

もし、世界で新型コロナが蔓延するとなると、このビジネスモデルが崩壊しかねない。最悪のシナリオを描かないといけないと思いました。そこで、やれることはすべてやろう、という決断をするのです。

実際、海外からの観光客が消え、カツサンドの店は売り上げが一気になくなりました。レストランも450件のキャンセル（合計で1200件）が出ました。3月は赤字にならざるを得ませんでした。しかし、4月からは思い切って打った手によって好転し始めます。

まず、店舗を西麻布の1点のみに絞り、ここを朝から夜まで開けて、テイクアウト中心に切り替えました。店内で食べられるのは会員だけですが、テイクアウトは会員以外でも購入できるようにしたところ、ウーバーイーツの利用の広がりもあって、爆発的な支持を得ました。なんと、お店が単月単店での黒字に転じたのです。

また、これまでおざなりになっていたECに力を入れることにしました。商品開発をガンガン行って、全国にWAGYUMAFIAの商品が届くようにしました。さらに、精肉の扱いを拡大し、5月に入るとソーシャルディスタンスをしっかり取って、イートインもスタートさせました。

こうして5月は、黒字どころか対前年比110％の売り上げを達成することができたのです。8月は、インバウンドの売り上げがゼロになっても、125％の売り上げを達成しました。

危機的状況であることがわかったとき、堀江はネガティブな言葉を発しながらも、ポジティブな打ち手を次々に考えて、実際に頭と手を動かして行動してくれました。

一方の僕は、情報のインプットに気をつけていました。僕の家には昔からテレビはありません。テレビをつけっぱなしにするというカルチャーがないのですが、もともと外野の意見を聞き過ぎると、経営は判断が鈍ると思っていたからです。だから、あえて情報をたくさん入れないようにしていました。

僕がやっていたのは、ノーマの社長、フォートナム&メイソンの社長など、**世界的に活躍しているシェフや経営者たちと、いろんなミーティングを重ねること**でした。各都市の状況はどうか。それに対して、みんなはどんな対応策を取っているのか。**世界の経営者の動き**を見ていきました。

また、**お店で働いてくれていたチームのフォロー**に時間を割きました。それまで急成長という上昇気流に乗ってきたチーム。これが下降気流になるとチームは苦況に陥ることは、過去にも経験していました。

そのときに大事になるのが、**スローガン**なのです。その頃、イギリスの友人からのメッセージに、この危機を「RIDE IT OUTしよう」と書かれていたものがありました。乗り越えようという意味ですが、口語的なうまいこの表現がとても頭に残っていて、**「RIDE IT OUT」を、この危機を乗り越えるスローガン**にすることにしました。

WAGYUMAFIAは生産者とともに、この危機を「RIDE IT OUT」しよう、と。これを、国内も香港も、さらにはインスタグラムや顧客のメーリングリストも使って、全世界に配信したのです。

僕たちが倒れてしまうと、生産者も倒れてしまいかねません。出荷先がなくなってしまうから。どうにかして、食べてもらう場を作らなければいけなかった。この使命感が、チームを奮い立たせたのだと思っています。

新型コロナがやってきて、精神的にかなり折れてしまった飲食の経営者は少なくなかったようです。幸いにして、僕はこれ以上の経営的な危機を何度か経験しているので、数字的には大変でしたが、精神的には落ち着いていました。

慌てずに、楽観視するようになっていきました。なぜなら、**できなかったことが、できるようになったから**です。

例えば、ワールドツアーで長期間、日本を離れることが多かった僕が、こんなに長く日本にいることは過去15年間ありませんでした。おかげで、**お店のスタッフともじっくりコミュニケーションを取ることができるようになりました。**

組織の成長には、成長痛が必ず伴います。飛行機に例えると、一時的に着陸してエンジンを修理したいけれど、一時着陸もできずになんとか飛び続けている状態でした。それが、一時的にでも、不時着に近い状態でも、地面に着陸してちゃんと問題点を見つめることができたことは大きかった。

成長痛ときちんと向き合って、それを引き起こしている課題を細かく解決していくことができたのです。

また、海外にずっと目を向けてきた中で、外国人がまったくいない状態でのシミュレーションをできたことも大きかった。

ワールドツアーは小休止となりましたが、その代わりに**日本をまわるジャパン・ツアーがスタートしました**。毎月3、4箇所の新しい地方をまわり、地元の食材プロデューサーらと話します。そしてその活動はコロナの始まりの頃にメッセージをいただいた世界的にも著名なシェフ、NARISAWAの成澤由浩オーナーシェフとともに全国の酒蔵を巡り、おにぎりを炊き出すというボランティアプロジェクト「おにぎりプロジェクト」へとつながります。

コロナで苦しんでいる**全国の酒蔵をまわり、そこで地元のお米を炊き出し、地元の食材でおにぎりを作り、医療従事者に届けるというボランティア活動「#onigiriforlove」**。この成澤シェフとの月一回のボランティア活動は、全世界のシェフに呼応いただき、日本が生んだとてもシンプルなおにぎりや日本の知られざる地方の今も紹介できるようになりました。

コロナは、その機会のすべてを与えてくれたのです。僕らにとってこのコロナ禍の3年は決して失われた時間ではなかったのです。そしてコロナ禍が終息し、世界が再び往来を始めた今、WAGYUMAFIAはコロナ以前よりも世界から人が集結するようになっています。これもコロナ禍で世界に発信したことの賜物だと思っています。

原点に立ち戻れ

危機的な状況がやってきて、もうひとつやったことは、**WAGYUMAFIAの原点に立ち戻ること**でした。WAGYUMAFIAは、**どんな目的のためにやっているのか**ということを、全スタッフを集めて丁寧に伝える機会を作りました。

ひとつは、**和牛の生産者に、これまでになかった新しいダイレクト流通を作って、和牛の未来を支えていくこと。**そして僕たちが和牛を使って**世界一の和牛の会社になっていこうということ。**

先にも書いたように、最初の赤坂の店も、カツサンドの店も、開業当初は苦戦しました。たくさん失敗もしました。しかし、そういうことを知らないスタッフがほとんどでした。改めて、WAGYUMAFIAの歴史を知ってもらう機会にすることにしました。

こうして、イズムやフィロソフィを、改めてスタッフに教えられたことは大きかった。それをベースにして、危機に対応する僕たちらしい取り組みが進められたからです。

もとより、お店が開けない状況で、なぜ黒字化したのか。実はテイクアウトだけで、ピーク時の半分くらいの売り上げを獲得することができたのです。なぜか。僕たちは、**価格で一切、妥協しなかったから**です。イズムとフィロソフィに基づけば、価格の妥協はやるべきではなかったからです。

知人の飲食店で、テイクアウトのお弁当を500円にしたところがありました。それ自体、否定はしません。少しでも売り上げを作るために、500円でやる気持ちもわからないでもありません。

しかし、500円でお弁当を作ったら、おそらく大赤字だと思います。もしくは、食材費を下げていくしかない。

僕たちはそれはやってはいけないと思っていました。お店はサステナブルにしなければいけないし、食材費は下げられない。これは、テイクアウトのお弁当を買ってくれる人にも伝えていました。従業員の給料を出すためには、この価格に設定せざるを得ないのだ、と。

価格帯は、5000円から3万円。しかし、これが飛ぶように売れていったのです。その価値を、認めてもらえたのだと僕は思っています。会員以外にもお弁当は買えるようにしたことも大きかったかもしれません。

ECでは、食品の商品開発を一気に進めました。和牛を使ったジャーキー、ギョウザ、ラーメン、カレー、ハンバーグやピザ、さらにはシンガポールのバクテー……。それこそ、毎日のように商品開発を押し進めました。

家でWAGYUMAFIAを楽しんでもらえる。これが、とても好評でした。僕たちは精肉の免許を持っていますが、惣菜製造免許についても同時並行で保健所に話を進めて、製造できるものを増やしていきました。

製造を工場に委託することもできますし、惣菜製造免許を取っておけば、100個くらいはできるようになります。こうした免許も急ピッチで進めました。

買ってもらった人に送付する際の箱は、これがなぜか奇跡的に事前に偶然、準備していて、うまく使うことができたのでした。

実は僕は、あまりECをやりたい気持ちはありませんでした。ECは大変だから。というのも、売れれば売れるほど、裏側の仕事が大変になるのです。ずっと段ボールを作って発送する、ということになるからです。

ありがたいことに、ECは本格的にやり出した初月の4月で、売り上げが1000万円を超えました。裏側はスタッフみんなが総動員でやってくれました。これも、イズムやフィソロフィが伝わってくれていたからだと思います。

このとき、毎日のようにインスタライブで料理を流していたのが、僕でした。包丁や鍋、フライパンが売れていったのは、先にも書いた通りですが、実は**「この包丁を使うと、こんな切り方ができますよ」「このフライパンでこんな料理ができます」というアピールを、ずっとやっていた**のです。

実店舗が忙しくてECには手が回らず、力を入れていたのはアパレル事業くらいでしたが、本格的にやってみると実店舗に匹敵する売り上げを稼げるようになることがわかりました。これも、危機が訪れたことの、ひとつの収穫でした。

一方で、生産者の支援にも力を入れました。牛は長く飼えば、おいしくなるわけではありません。最高の状態に仕上がるように設定して、生産者は給餌などを行っています。出荷がずれると、脂肪が大きくなったり、体重が増えて、等級にも影響して生産者は大きな損失を被りかねなかったのです。しかし、高級なものを買ってくれる会社は、さすがにこの状況では難しい。

それでも、限界は4月だと、ある神戸ビーフの生産者から救済依頼がきました。4月にWAGYUMAFIAがすべて買いました。普段の2倍の仕入れでした。店舗が稼働していない中でのかなりリスクある投資でした。

こうなれば、僕たちもどんどん出していくしかありません。高級な肉は、冷凍すると劣化してしまうのです。そこで、イベントを展開しました。お肉を食べよう、というキャンペーンを打ち出して精肉を売ったり、新しいお弁当を開発していったり。これも好評でした。

緊急事態宣言が解除され、6月からはやらなくなりましたが、テイクアウトのお弁当は、消費者の、お店を支えようという意思も手伝って、ひとつのファッションのようになったところがあると思います。とても、ありがたいことでした。日本のお客さまに、心から感謝しています。

この時期、グローバルマーケットに出ていって、ありがたかったな、と思った出来事もありました。この危機を乗り越えようというスローガン「RIDE IT OUT」は、外国人会員にもニュースレターを配信していたのですが、びっくりするような連絡が何件もやってきたのです。それは、**「お金を振り込みたい」**というものでした。

例えば、クウェートのお客さまは、なんと60万円振り込みたいという。12月末までには行けると思うので、とりあえずお金を振り込んでおきたい、と。大変だと思うから、今に役立ててくれ、というのです。

しかも、先払いなのかと思いきや、行ったときにはまた払うから、と書かれていたものもありました。「WAGYUMAFIAがつぶれてしまったら困るから」というのです。これは本当にありがたいことでした。そのお客さまは２０２３年についにやってきてくれて、みんなでハグをしました。

日本の、そして世界の温かさを感じました。店に行けない、食材も買えないということで、フライパンを大量に買ってくださった外国人の方もおられました。物販だけで１００万円分、買われた人もいた。

こういうことがあったことを、多くの人にぜひ知ってもらえたらと思っています。

採用にはこだわれ

WAGYUMAFIAの危機を支えてくれたスタッフたちですが、一人で始めた中で、これだけのチームができたというのは、うれしいことでした。本当にいいチームになったな、と改めて思いました。

これは以前からよく、お客さまから言われることでした。

「WAGYUMAFIAって、みんないい人たちだよね」

とてもありがたい言葉でしたが、思い出したのは、僕が海外の通信社から取材を受けていて、こんな質問を受けたときのことでした。

「いい和牛を育てるときの、本当のシークレットってなんだ？」

こう聞かれると、僕はいつもこう返していたのです。

「トップ生産者が、みんな本当にいい人たちだということ」

それだけに、WAGYUMAFIAのスタッフに対して、「みんないい人」と言ってもらえるのは、本当にうれしいことでした。そう言われるような人が、スタッフとして集まってきてくれているということです。

スタッフの採用は、僕が声をかけた人、スタッフや堀江からの紹介がメインです。また、僕のインスタグラムの投稿を見て、WAGYUMAFIAで働きたいというメッセージをくれた人もいます。

一般公募は、正直、難しいという思いがあります。WAGYUMAFIAは、飲食なのですが、普通の飲食業ではないのです。

例えば、調理をするスタッフも、ただ肉を切って終わり、ではない。切って調理して、お客さまに話をして、そこでパフォーマンスもしないといけない。必要なら、英語もしゃべらないといけない。

実は海外のレストランなら当たり前のことでもあるのですが、日本の普通の飲食畑を歩んできた人にとっては、「こんなことはできない」「ここまではやりたくない」「ただ普通に裏方だけやっていたい」ということになってしまいかねないのです。

実際、ホスピタリティを持って接客ができるキッチンスタッフを雇うのは、簡単なことではありません。ただ、それだけにぴったりハマると、本当に楽しくなる。

実際、WAGYUMAFIAに入って、人生が変わった、と言ってくれている若いスタッフもいます。これまで裏方でずっと肉や魚をさばいていた日々とはまるで違う充実感がある、毎日が楽しい、と。

その意味で、友人なり、紹介者なりに「WAGYUMAFIAというのは、こういうところで、こんなことをするのだ」ということをあらかじめ聞いてから入ってもらったほうが、やはり定着率は高くなるのです。

ひとつユニークなところでは、僕たちは**各スタッフに役を与えてキャラクターを演じてもらう**ことにしています。例えば、新しく入った若い日本人男性に、なんとなく中東っぽい雰囲気を感じたのでした。そこで、キャラクターをつけ、キャラ立ちさせるために中東担当になってもらったのです。

クーフィーヤというアラビアの社会でかぶられている頭巾を巻いて、仕事をする。こうなると、中東からやってきた人は、その姿が気になるわけです。どうしてクーフィーヤを巻いているのか。これは中東へのひとつのメッセージでもあり、僕らからの感謝を込めたメッセージでもありました。「中東が好きなのか？」ということで、コミュニケーションが始まり、どんどん人気者になっていきました。

本人も、そうなればうれしいわけです。だから、中東について勉強する。誰よりも、中東に詳しくなる。これがまたお客さまに喜ばれて、ますます人気が高まる。キャラクター設定をすることで、こういうことが可能になっていくのです。

楽しさがマネジメントの一番のポイントだと思っています。そもそも**人はマネジメントなんてできない**。相方である堀江をコントロールしようなんて思ったら大間違いなのと同じです。スタッフにもWAGYUMAFIAで楽しめる方法を考えてもらう。いざ、**やり甲斐を見つけられた人は飛躍的に伸びる**。それは僕もそうだったし、堀江もそうだったのです。僕たち自身もWAGYUMAFIAというステージで思う存分に楽しんでいます。

そして僕の役割といえば、**海外の最前線に出て行って、攻めていくこと**です。堀江は国内を攻めていく。お互いにこの分担がWAGYUMAFIAにとって一番効率がいい。国内だけ攻めていても今のWAGYUMAFIAは存在しなかったし、海外だけ攻めたとしてもしかり。お互いに得意分野での役割分担をすればいいと思うのです。

ただし、堀江のケアマネジメントは僕が担当しています。なんでも言い合えるからです。よくLINE上で議論が白熱し過ぎて、スタッフに「また夫婦ゲンカが始まった」と言われることもあります。僕も彼もオブラートには包まず、はっきりものを言うからです。

僕にとって**ストレートに物事を伝えられる相方の存在は、とても大きい**です。前職のソニー時代に経験しましたが、**酒が入った場でしか本音が出てこないような組織は要らない**と思うからです。そして何よりも**ストレートで言いにくい組織は、決定までのプロセスにとても時間がかかります。**

実際、堀江がいなかったら、ここまではできなかったと思っています。彼が、日本国内の顔になってくれたことも大きい。

僕は性格的に一般的な日本人とうまくやっていくのが難しいタイプだと自覚しています。物事をストレートに伝えますし、なあなあな返事をすることを嫌います。

僕は日本では陰の存在として、プロデューサーであり、クリエイティブサイドに徹し、海外ではプレイングプロデューサーとして、シェフとしてもアピールできることが、WAGYUMAFIAのひとつの強みになっていると思っています。

僕と堀江は、前例のないチャレンジをしているので、経験則で考えられない。その意味で、堀江が常に新しい取り組みに対してポジティブなのは、間違いなくこのWAGYUMAFIAという新しいチャレンジには有益に働いていると思います。

当初、堀江が飲食には関心を示さなかったという話は先に書きましたが、WAGYUMAFIAの商標権は2人で管理しようと、それだけのための会社を二人で作りました。ただ、僕は堀江を飲食サイドに巻き込みたいと思っていました。彼の経営の類いまれなるセンスが飲食の場に来たら、とんでもないことが起きると確信していました。

ひとつの会社を上場させ、大きくしていった堀江のノウハウが飲食事業に、あるいはブランドビジネスに入ってきた瞬間、それは大変な財産になると感じていたからです。僕が見えなかったものが、見えるのではないか、と。

レストランとして3店舗目となった西麻布の店は、ある意味、堀江を巻き込むための店でした。もうすでに飲食業としての顔が強くなっていたWAGYUMAFIA。そこにどうしても堀江を巻き込むことが急務でした。そして本当に、堀江が経営参画してくれたことで成長軌道を描けたと思っています。

もともとVIVA JAPANだった会社を僕はWAGYUMAFIA INTERNATIONALに変えたわけですが、2020年10月、この一人でやっている会社を、堀江と一緒に商標権を管理している会社と合併させ、株式会社WAGYUMAFIAにしました。こうして、一枚岩はより強いものになったと思っています。

これは、堀江からの提案でもありましたが、やる人間がもっとやれる環境作りをするのが、基本的に僕の役目だと思っています。あのときの、「飲食はなぁ」「VIVA JAPANの再建は大変そうだなぁ」と言っていた彼が嘘のようですが、これで世界戦略の会社体制が整ったと思います。

以前、海外から買収提案が来たことがあります。その条件は「株の過半数」と「堀江の退任」でした。僕はイコールパートナーとして、重要なことは一切隠さないということを決めています。そのときも、ガラス張りで報告したら、堀江はムッとして「なんだよ、俺にドケっていうこと？」との返事。僕はもちろんすぐに断りました。

僕にとっては、「誰と仕事をするか」のほうが重要なのです。ここはみんな忘れるところですが、**限られた時間の中で自らのポテンシャル領域を最大限にレバレッジできるのは、誰と一緒に働くかです。信頼できる優秀なチームこそすべて**です。それが最終的には信用につながります。これは、断言できます。

ＷＡＧＹＵＭＡＦＩＡのブランドやＤＮＡの中では、堀江の存在は、それだけ大きいのです。堀江なしではＷＡＧＹＵＭＡＦＩＡはできなかったでしょうし、専門領域とアプローチの方向性が違う二人が組んだことで、お互いが背中を向き合わせて戦えているのだと思っています。

「会社内一人」も意識せよ

僕の場合は、一人で始めた起業でしたが、**会社にいながらにして、一人で新しいことを始める、**というケースでも、僕のやり方は応用できると思っています。社長がやる。2代目がやる。社員がやる。いろんなパターンでできると思うのです。

実際、僕の知っている宮崎の焼酎の会社、黒木本店で面白い取り組みが行われています。5代目の35歳の若い当主である黒木信作さんが、ジンとウイスキーの蒸留所を作ったのです。

原材料はすべて、自分たちのもの。焼酎は日本国内が主な消費地ですが、ジンやウイスキーとなると、マーケットはグローバル。間違いなく世界コンテンツです。

伝統ある古い焼酎の会社が、新会社を作ってグローバルコンテンツのスピリッツを作り出す。面白いと思いました。黒木本店は、典型的なファミリービジネスではあるのですが、5代目当主の思いひとつで、ここまで進んだのだと思います。

一人で始める起業の、好例のひとつだと思います。

また、宮崎の水産会社、長谷川水産は、社員が一人で新しいことを始めたケースです。社員の津本光弘さんが、魚の締めの技術、血抜きの技術を自分なりに開発して、YouTubeチャンネルをスタートさせたのでした。

長谷川水産は養殖を手がけていますが、養殖の魚はどうしても養殖臭がするのです。だから、日本のトップレストランは養殖の魚を使わない。

しかし一方で、先にも触れたように海外では養殖でなければ、食糧資源は枯渇してしまうので、サステナブルではない、天然は持続可能漁法ではない、と考えられている。養殖がこれから先、主流になるのは、グローバルでは当たり前の流れなのです。

そんな中で、養殖臭をどうやって取るのかを考えてきたのが、津本さんでした。そして、YouTubeで神経締めと血抜きの技術を公開したら、大きな話題になりました。今では、**津本さんが血抜きをした魚自体が「津本式究極の血抜き」としてブランドになっています。**

血抜きをすることで、魚が腐りにくくなる。熟成がかけやすくなる。銀座の寿司屋でも、養殖を使ってみようという機運になっています。

天然の魚をヨーロッパの人たちは好みませんから、マーケットはアジアまで。しかし、養殖の魚で日本バリューがつけられたら、全世界がマーケットになります。一人のアイデアが、YouTubeの映像でPRをして人気になったということも含めて、注目すべきケースだと思います。

ハイテク領域でも、面白い取り組みがあります。先にも紹介している精密機器のメーカー、由紀精密です。世界で一番回るコマを開発したり、飛行機のジェットエンジンのタービンを作ったり、宇宙ステーションの補給機「コウノトリ」の部品を作ったりしている、大変な技術を持っています。

この会社が、LPプレーヤーを開発したのです。エンジニアの一人がLP好きで、密かに一人で作っていたのだそうです。新型コロナウイルスの影響を受けていた中、それをプレゼンテーションしたら、社長のOKが出た。

実はそのLPプレーヤーのローンチカスタマー、最初の顧客になったのが、実はWAGYUMAFIAでした。200万円くらいするのですが、すばらしいプレーヤーです。世界には、高性能のプレーヤーを求めている人は、間違いなくいます。グローバルマーケットを視野に入れたら、きっと面白いポテンシャルが潜んでいると思います。

そしてこの由紀精密とは、業務用のハイエンドな調理器具の共同開発も行っています。すでにご紹介していますが、まず第一弾として生まれたのが、**和牛ジンギスカンことワギュジスカンの特製鍋**です。鋳鉄を切削加工し、さらに表面にマイクロピニング加工をするという世界でも初めてのワギュジスカン鍋です。

3日以上かけてひとつずつ手造りしていくこともあり、一個50万円と非常に高価な鍋ですが、すでに世界のYAKINIKUMAFIA全店舗に数百台が導入されています。

これも、僕たちがローンチカスタマーになったのですが、**世界一高い「かき氷マシン」**を作っている会社が奈良にあります。stu-art。彼らが作った「himuro」は、1台500万円です。高価ですが、それだけの価値を持っていると感じています。

奈良には、平城京の時代から厳寒期に氷を氷室に蓄えて、翌年の春から夏にかけて朝廷にその氷を献上していた歴史を持つ奈良・氷室神社があり、氷の神様を祀っているそうです。

こんな歴史を持つ地で開発されたのが、himuroですが、開発者はなんともともと学習塾をやっていた人物。かき氷マシンの製造メーカーの日本トップ企業と一緒に開発したのでした。

かき氷は、全国的にもとんでもない人気になっています。早朝から深夜まで、ずっと行列している店もあるそうです。かき氷を年間2000食食べる外国人フーディーをすでに紹介しましたが、かき氷は国内ではすでに一大コンテンツになっている。今後、グローバルコンテンツになっていく可能性もあります。

そして、先に少し紹介したハイエンドのコーヒーグラインダーのケース。元アップルのデザインエンジニア、ダグラス・ウェバーが作った「ウェバー・ワークショップ」です。

アップルは日本の中小企業の技術をたくさん取り入れて、製品を作っています。彼はアップル時代、そんな日本の技術を発掘する役回りをしていました。そして、日本に留学していた時代、知り合った居酒屋店主が陶芸工房を持っていた福岡・糸島に惹かれます。

退職後、日本に移り住み、コーヒーグラインダーを開発しました。グラインドの精度が高くひき残りがない。工具不要で分解ができて古い粉が残らない。2016年にネット販売すると、性能の高さに加え機能美も評判になって、約10万円の手動グラインダーが2000台、約35万円の電動タイプは200台以上も売れたのです。

僕はたまたま彼のマシンを使っている知人がいて、その性能とマシンの美しさに驚いたのでした。それでインスタグラムにメッセージを入れると、数分で「ありがとう」と日本語でメッセージが送られてきました。

彼とはその後、いろいろな話をするようになったのですが、僕が思い浮かんだのが、WAGYUMAFIAの調理器具を日本の技術で作り直すことでした。彼はまさにそうした進化に成功したわけですが、キッチン用品は、半世紀ほどほとんど進化していないのです。ここにも大きなポテンシャルが眠っていると思っています。

ワールド・バリスタ・チャンピオンシップ2014年に初めて日本人として第15代世界チャン

ピオンになった井崎英典さんが手がける新しい喫茶店にも注目しています。

日本代表として丸山珈琲から出場し、世界一の称号をいきなり手にした人物ですが、6年間そのプロデュースをしてきた彼が、自ら日本のコーヒーを再定義して店舗として形にするのです。

コーヒーというグローバルコンテンツの中で、世界称号をすでに獲得している彼がどう和の要素を入れてくるのか、ここは楽しみなところです。すでに世界に名が知れた彼が、日本に再びコーヒーの潮流を引き戻してくれると思っています。

彼とはこのコロナ禍の中でも一緒に旅をして議論しました。そこで生まれたのが、**世界チャンピオンが考える日本のコーヒーの再編集**でした。また。世界のコーヒーシーンを変える可能性のある、日本オリジナルのコーヒーを再定義すること。

例えば第一弾として、彼はあの**世界一高いコーヒー豆のゲイシャをディカフェ**にしました。第一子を身ごもった奥様のまみさんにもコーヒーを飲ませたい、しかも最高のコーヒーを、との思いで生まれた世界で一番高いゲイシャのディカフェ、世界中の注目を集めている日本が再編集したコーヒーです。

そして、コロナ禍の最後に彼が手がける和が、形になりました。それが珈空暈《コクーン》です。ネーミングのアイデア出しに僕も参加させてもらい、一緒にその空間と未来をイメージしたこともあり、とても思い入れがあるプロジェクトになりました。

彼とはハイエンドのコーヒーをデザインしていく会社ＣＯＪを共同設立しました。現在国内、海外のトップシェフのレストラン、そして王室のコーヒーに至るまで世界のハイエンドコーヒーのカスタマイズを一緒に手がけています。

和牛の世界同様、古くからの伝統作業であった寿司を変えた男がいます。それが町寿司3代目で北九州の戸畑で「照寿司《てるずし》」を生まれ変わらせた、渡邉貴義さんです。

寿司オペラと評される彼の寿司は、多くの海外客や国内の食通をひきつけ、戸畑に世界中から旅行者を呼び込みました。まさに寿司をショーのようにショーアップさせた先駆者です。

10年前まで、1000円の仕出し握りを軽自動車で自分で運んでいた町寿司の3代目が、一大発起して価格を東京と同じクラスで勝負しました。客単価の低い、町寿司からの脱却は並大抵の努力ではできません。それも東京ではなく、北九州の小さな町である戸畑で。いきなり世界を相手に、です。

彼も、ニューヨークでの数カ月にわたる常設ポップアップから人気に拍車がかかりました。ポップアップを実現させたのも、インスタグラムやＹｏｕＴｕｂｅで取り上げられたことがきっかけです。ＷＡＧＹＵＭＡＦＩＡとも海外ツアーをともにし、そしてついには照寿司ＴＯＫＹＯ ＢＹ ＷＡＧＹＵＭＡＦＩＡというお店を東京に共同出店する事業パートナーにもなりました。

旧態依然としていた寿司業界に一石を投じた、今や世界で一番有名な日本の寿司職人と言っても過言ではないでしょう。戸畑からサウジアラビアのリヤドに出店できている寿司屋なんて、彼ぐらいでしょう。まさしく寿司ドリームを体現した日本人です。

そして彼とは町寿司を再編集したSUSHI MAFIAを共同プロデュースしています。若手の職人が照寿司やWAGYUMAFIAのように握るだけではない、新しい寿司の楽しみ方をゲストに示していく。本来寿司とは楽しいものです。このSUSHI MAFIAを通して、彼に続く世界に羽ばたく寿司職人が生まれることでしょう。彼が示したのは伝統を重んじるカテゴリーの食分野こそ、伸びしろが大きいことを教えてくれています。

食とは離れますが、ワールドツアーをやっているパフォーマンス集団ということで、**けん玉の「ZOOMADANKE（ず～まだんけ）」**も注目しています。もともと会社員だった児玉健さんが、脱サラして飯嶋広紀さんとユニットを組み、けん玉一本で世界を目指したというのが面白い。シルク・ドゥ・ソレイユとのコラボなども有名です。児玉さんはWAGYUMAFIAが生まれる前のキッチンイベントに参加されていたこともあり、僕らの成長を見守ってくれた方でもあります。

けん玉というだれでも一度は触れたことがある玩具に、ダンス要素とアクロバット要素を取り入れて、地味なけん玉を外国人でもやりたくなるコンテンツへと変貌させたことが素晴らしいのです。ワールドツアーなど、けん玉というグローバルコンテンツではないものを、グローバルコンテンツの文脈に変えていくという取り組みをしているのは、僕たちと同じやり方です。だれもけん玉で世界にいけると考えた人はいなかったことでしょう。これも、一人でニッチに始める大きなヒントが潜んでいる。戦略的な考えが、WAGYUMAFIAにとても近いと感じています。

国内では代替わりしたファミリー企業が、世界戦略を開始するという事例も増えています。WAGYUMAFIAが始まる前から僕がお世話になっている愛知ドビーの「VERMICULAR」。

鋳物ホーローで一躍有名になったブランドですが、創業家3代目の土方邦裕さんと智晴さんの兄弟が作り出した新しいブランドだということはあまり知られていないところです。

旋盤加工技術を持つ鋳物製造工場でしたが、OEM業務が減っていくことで立て直しを決意。3代目兄弟が創業家を継いだところから、ブランドはスタートします。OEM比率をゼロにすべく、彼らが選んだのは得意の鋳物、そして旋盤加工の精密さを取り入れた鋳物ホーロー鍋の製造でした。

ブランドスタートから10年、この鍋は国内のトップシェフのみならず、世界のシェフに愛用される鋳物ホーロー世界一の座を取ろうとしています。僕らのワールドツアーでも一緒に料理したシェフにこの鍋をプレゼントしています。すると、彼らは決まって自分たちのキッチンでは使わず、自宅で使い出してしまう。そのくらい絶賛されています。日本の中小企業の加工技術が、優れたブランディングとともに世界に飛び立った実例です。

酒造りでも大きな流れが生まれています。いまや会津若松や福島を代表する、宮泉銘醸の4代目宮森義弘さんは、もともとは東京でまったく違う仕事をしていました。26歳のとき、家業だった酒造りが経営危機に陥り、廃業を覚悟していた。そのタイミングで家業復活を宣言し、システムエンジニアの職を捨てて創業家4代目として継いだのでした。

地元ブランドのひとつであった酒蔵だった宮泉銘醸を、すべての酒造りの根本的な部分を見直し、「寫楽《しゃらく》」というブランドを立ち上げ、全国に知られるブランドへと成長させます。そして世界一の酒の称号を取るにまで至りました。

ご存じのように今、酒＝ＳＡＫＥは空前の世界ブームを引き起こしています。日本のウイスキーが２０００年初頭、誰も相手にせず、あのサントリーでも樽が余っていたという状況でした。そんな状況に少し日本の酒業界は似ています、おそらく近い将来、昔は安かったけれど、まったく手に入らないという状況になると僕は思っています。それぐらいこの日本が生んだ醸造酒を世界が求めているのです。

国会議員を目指していた弟大和さんも合流し、こちらも兄弟で全く新しい日本酒の世界を作り出しています。ＷＡＧＹＵＭＡＦＩＡでは、彼らと組んで世界戦略用の純米大吟醸、そしてシャンパンに対抗できるレベルのスパークリング酒を開発しています。プライベートバッチで3期目の製造となりましたが、いよいよ2023年、公式に「ＳＨＡＲＡＫＵ ＳＭ」として世界リリースされました。ＷＡＧＹＵＭＡＦＩＡに訪れるＶＩＰたちがこぞって絶賛する幻のスパークリング酒、ニッチながらこれもグローバルに大ヒットする予感がしています。

醤油の世界でも面白い取り組みが始まっています。ＷＡＧＹＵＭＡＦＩＡのハイエンド醤油を製造してもらっているミツル醤油醸造元の城慶典さんも、特筆すべき存在です。数十年前に自社醸造をやめてしまった家業の醸造蔵で、まったく新しい醸造にチャレンジしている方です。

農業大学時代に各地の醸造蔵に修業しに行き、その中で独自の方法論を模索されました。僕たちにとって、醤油はカツサンドのソースになったり、寿司のベースの醤油になったりとありとあらゆるところで使うもの。僕がテイスティングした醤油の中で、一番僕の料理に合っている醤油、それが彼の醤油でした。世界で最も高い醤油のクラスに入っているのが彼の醤油です。

中華料理が世界で食べられること、そして日本の醤油メーカー、キッコーマンやヤマサのおかげで、今や世界で日本の醤油を手に入れることができます。どんなにハイエンドのスーパーに行っても、醤油のバラエティは買える。しかし、クオリティの差での勝負とはなっていません。ここは大きなチャンスだと思っています。地方の醸造を止《や》めてしまった醤油蔵をまったく新しいレベルで再デビューさせる。これは福岡の照寿司と同じく、跡継ぎではできないという話ではないのです。**歴史ある産業の中にも、こういう世界に通じるニッチカテゴリーがまだまだ多く存在する**と僕は感じています。

すぐ始めよ

ＷＡＧＹＵＭＡＦＩＡにとって最大の危機であったコロナ禍の3年は、国内の超常連と呼ばれる100名のお客さまのご支持やスタッフみんなの頑張りもあって、乗り越えることができました。心から感謝しています。

蓋をあければ、この期間に作った8店舗の新しいレストランに、海外の方々が「インスタグラムでずっとコロナの期間に観ていたんだよ、ようやく来られた！」と歓喜くださり、とてもうれしく思っています。コロナ終息後はインバウンド需要が急速に戻ってくることを予想していましたが、日本のブランド力である安全安心と食と観光が相まって、空前のブームを引き起こしています。ただしこのコロナで培った危機管理意識は忘れてはいけません。

ＷＡＧＹＵＭＡＦＩＡのビジネスは全世界的に連結していますので、もし万が一、香港の店が何かの理由で売り上げを出せなくなってくると、海外売り上げにおけるアジア領域の大部分を失うことになるのです。

となれば、リスク分散の観点からも海外展開を世界の他の地域でも加速させていかないといけない。早くから日本の和牛の輸出拡大のためのＷＡＧＹＵＭＡＦＩＡの世界10都市展開を掲げてきましたが、早いタイミングでそのターゲット都市の最終決定をしていくつもりです。それは今回のような世界的な危機、あるいは地域的なリスクなども踏まえてグローバルにどうＷＡＧＹＵＭＡＦＩＡを展開していくのがベストなのか？

一方、もうひとつのリスク分散の要素である、海外と日本の売り上げのバランスも、もっと考えないといけないとも思っています。国内売り上げの比重とレストランの種類の見直しです。そのひとつの起爆剤が、すでに紹介しているリーズナブルにＷＡＧＹＵＭＡＦＩＡのお肉が食べられるＹＡＫＩＮＩＫＵＭＡＦＩＡの展開です。

最初に赤坂のお店を作ったとき、テナントの関係で焼肉ができなかったことは、先にも書きました。だから、割烹の店にせざるを得なかった。そこで、赤坂のもうひとつの店「ＷＭ ＢＹ ＷＡＧＹＵＭＡＦＩＡ」を作るときには、焼肉が自分たちでできるよう、初めてダクトをつけたのでした。

最初に作りたかったものがようやくでき、ここで1年間、さまざまな実験をしてきました。その結果、やはり焼肉には大きな魅力があるという結論に至ったのでした。ここから、会員制ではない形でＹＡＫＩＮＩＫＵＭＡＦＩＡというブランドを独立させ、２０１９年に新宿で初めてスタートさせることを決めたのです。

これをどうやって展開していくか、というところから「焼肉社長」のプロジェクトが始まりました。日本全国にいる社長の中で自分で焼肉屋をやりたいという人は、数百人はいるはずです。全都道府県でYAKINIKUMAFIAが誕生し、多くの和牛が心ある仲間たちと一緒に提供できたらと思っています。世界に頼らずとも、国内だけで回るビジネスをしっかり考えていくこともとても重要です。

何よりも、僕たちには**和牛の業界、市場を支えていくという大きな目標と使命**があります。未来の和牛市場を支えていくには、しっかりした構想、スケールできる構想を作っていかないといけない。

一人で始め、一人でやれる限界値まで行ったら、自分の息がかかったところだけをやりたいという考え方もあるでしょう。それも正解だと思います。それでも、世界一を取れる可能性もあります。

ただ、僕が目指すものを果たしていくには、やはりチームにしていかないと難しい。また、チームにすることによって大きな学びが得られる。経営者にとって最も重要なのは、学べる環境を自分なりに作っていくことです。

その意味で、大きな目標を持っていることには意味があります。そして、チームの中で、自分しかできない特殊能力を、もっとアクティブに行動に移していきたい。世界を攻めていくことは現状、僕以外にはできません。そこに特化できる体制を作りたい。

また、WAGYUMAFIAのブランドを育てていくというところも、僕に課せられた役割です。**クリエイティブに使える時間を、大切にしていきたい。**コロナ問題は、その時間も作ってくれたと思っています。

ただ、コロナ問題が起きてから痛感しているのは、単にチームの人数を増やすことが大切なわけでもないし、単に店舗数を増やすことでもない、という思いです。もちろん規模の経済を追い求めていく必要もありますが、それ一辺倒だと、おかしなことになりかねない。

イケイケどんどんで伸びていっても、自分が手がけた前の会社がそうだったように、その後、急激に落ちていってしまっては、多くの人に迷惑がかかってしまう。そうならないような、新しい組織の作り方やビジネスの作り方をしなければいけないと思っています。

そしてもうひとつ感じるのは、**やりたいことがたくさんあったとしても、今の自分にできることはひとつしかない**、ということです。打つ手がたくさんあっても、自分ができることはひとつです。

カフェグルーヴ時代、会社がうまくいかなくなって、打つ手をバンバン打っていったのですが、何が起こったのかというと、すべてが回らなくなってしまったのです。自分のリソースもキャッシュもスタッフも回らなくなってしまった。

その点で、一人で始めたというのは、貴重な機会でした。自分の力量やキャパシティを理解できる。自分は今、客観的にどのステージ、起承転結の物語の中のどのページにいるのか、がよくわかる。

これをはき違えてしまうと、「ぜんぜんまだまだなのに、何やってんだ」「こんなこと今やる必要ある?」「そもそもどうしてやってるんだっけ?」などということになってしまいかねないのです。一人で始めれば、そこにもちゃんと目がいく。

それを考えても、一人で始める魅力は大きいと思います。そして何より、**一人で始められるものなら、今すぐ始められる**のです。何人か集めてやる、となると、そうはいかない。一人なら、今すぐ始められるのです。言い換えると、一人でやれることがウルトラ・ニッチになる可能性があるのです。

社長業をやっていると、「いつか社長になりたいんです」「いつか起業したいんです」と声をよくかけられました。でも、そういう人で、起業した人は見たことがありません。やる人は、すぐにやってしまう。そういう人たちは悩む暇などありません、すぐに行動に移してから考えていく人たちが伸びていく時代です。

世界を取りたいなら、一番になりたいのなら、今すぐやったほうがいい。

この一番の機動力を最大にできるのが、一人で始めることなのです。お金もいらないし、自分一人だけでいいのですから。昔の僕のようにお金はなくても、時間だけはすべての人たちに均等に配られている共通の資産です。この無形の資産を価値に変えていくのが、人が持っている最高の能力です。

インターネット技術、情報の伝播性、安価なテクノロジーなど、やりやすい環境が拡大してきています。アイテムも揃っている。昔なら、一人で始めるには大変な準備とお金が必要でした。今は、とてもいい環境が整っている。スタートしやすくなっている。

そして何より、世界がものすごく近くなっているということです。今や、びっくりするくらい世界は狭いのです。

まずは、一人でやってみることです。スタートさせることです。今すぐに。

おわりに

誰もやっていない今こそが、まさに最大のチャンス

今、空前の日本ブームが世界的に起きています。まさにコロナ禍が終わり爆発的なインバウンドが日本に戻ってきている。アジアで行きたい国ナンバー1が日本になったことは間違いありません。まるで19世紀にアメリカで起きたゴールドラッシュのような現象です。あのときはみんながアメリカ西海岸に金塊を掘り当てようと殺到したのです。今、世界のＶＩＰは、日本の安心・安全を求めて日本にやってきています。

知っていますか？　日本のパスポートが、世界で１８９カ国に渡航可能な世界最強のパスポートのうちの一つであるということを。安心・安全の先に信用を勝ち得ている国、それがジャパンです。このすべての武器をもって、あなたのウルトラ・ニッチを探すべきです。

アメリカで起きたゴールドラッシュで、生まれたウルトラ・ニッチはジーンズです。20世紀の世界でもっとも売られた服、それこそがジーンズ。さあ、もうすでにアイデアは出始めている頃でしょう。そうあなたにとってのジーンズを、このゴールドラッシュで考えるべきなのです。

おそらく近代日本史においても類を見ない、すさまじい日本ブーム。大チャンス到来です。

英語で「**Go with the flow**」という大好きな言葉があります。日本語で「流れに任せる」という意味です。若いときは、まわりが反対しても、突き進んでいましたが、今は**必然でやったことのほうがうまくいく**と気づくようになりました。

成立するものは成立するし、成立しないものは成立しない。本書では詳しく書きませんでしたが、時間をかけ、お金をかけて手がけていたプロジェクトが、いきなり思わぬ理由で空中分解してしまったことが何度もありました。

そのときはショックでした。中には、5億円規模になったアメリカでのプロジェクトもあった。僕はそんなときは、こうなる運命だったんだとすぐに納得するように自分に言い聞かせます。今はなくなって本当に良かったのだと思っています。

人生に「もしも」は考えないようにしていますが、あのときにこのプロジェクトを展開してしまっていたら、今のラスベガス進出はできなかった。基本的に成立しないものは、成立しないのです。むしろ、それぐらいがちょうどいいのです。

コロナという最大の危機が来たから、すべてのプロジェクトが途絶えた。でも、この危機がなかったら、きっと僕らを支え続けてくれた日本人の超常連の皆さんと仲良く絆を深めることもできなかったことでしょう。そして、その一人であるジャパネット高田さんから、2024年の後半に日本最大のプロジェクトとなる長崎スタジアムシティへの出店依頼の話も出なかったのではないかと思っています。

生きていれば、うまくいかないこともあります。でも、そういうときに論理的に考え過ぎて、感情的に悲しむべきではありません。なぜなら人生に理由などないからです。流れに任せればいいのです。ダメだったという事実だけで、ああそうなんだと呑み込む勇気が必要です。間違ってもやってはいけないのは、無理にやり直しをしようとしたり、感情的に自分を追い込んでしまったりすることです。

そうではなくて、肩の力を抜いてみる。そうすると突然、新しいストーリーが見えてきたりする。新しい出会いが生まれてきたりする。WAGYUMAFIAもそうでした。

自分を信じること。いいビジネスをしたい、たくさんの人の役に立とうと考えること。自分の信念に立ち戻るのです。

僕がぜひチャレンジしてほしいのは、**世界に出ていくこと**です。日本と世界のマーケットは、もう分けられなくなっている。それはビジネスには大きなチャンスを意味します。それこそ世界を相手にすれば、僕がデビッド・ベッカムや中東の国王と仕事をすることになったように、とんでもないミラクルが起きる可能性だってあるのです。

何より日本は、世界を目指す人がほぼいない。どの分野でも少ない。だから、ポテンシャルはとても大きい。**誰もやっていない今こそが、まさに最大のチャンス**なのです。

経済は循環します。大きく経済がへこんだリーマンショック後に好景気がやってきたように、このコロナ終焉後のジャンプアップは計り知れない新しい経済を生み出すことでしょう。

日本の観光業はGDPから見ると、まだまだ小さな規模です。これが、フランスやイタリアレベルに厚くなっていくことは確実です。その最後の扉を開ける瞬間が、コロナ後の今なのです。

上昇気流が始まったときに何かを始めても、それでは時すでに遅し、です。**やるなら今から準備してすぐやる。そして、やり続けること**です。誰が何を言おうが、馬鹿にされようが、同じことをする。自分の心の問いかけとしても「本当に意味があるのだろうか?」という言葉でさえも無視して、やり続ける。

大抵の人はやり続ける能力を持ち合わせていません。だからこそ、バカ正直にやり続けることが大切です。

僕の人生の歴史は失敗の歴史でした。WAGYUMAFIAもたくさん失敗しています。でも、**失敗したほうが、面白い人生になる。**世界に出れば、そういう人たちがたくさんいます。そして、そういう人たちは、とても魅力的です。

ですから、チャレンジを恐れないでください。失敗したら笑えるぐらいになってください。人に迷惑かけても必ず這い上がる図太さを身につけてください。きっとあなたのチャレンジを、世界は待っているはずだから。

最後になりましたが、本書の刊行にあたっては、ダイヤモンド社書籍編集局第4編集部の土江英明さんに大変お世話になりました。この書籍のアイデアを話したのが2016年。WAGYUMAFIAが生まれた年です。以来7年間、言葉をまとめていく作業をできたことは、僕にとってWAGYUMAFIAをより大切に思える時間となりました。土江さんには7年という本当に膨大な時間をこの本のために情熱を注ぎ込んでいただけたことを、この場を借りて、感謝申し上げます。

またライティングサポートと構成にあたっては、ブックライターの上阪徹さんにお世話になりました。そして、この本に素晴らしい装丁デザインという魂を入れてくださった三森健太さんにも御礼申し上げます。

WAGYUMAFIAへと続く橋を作ってくださったどん底のときに応援してくれた20名を超える友人の皆さん、この書籍化のアイデアをサポートしてくれた住田興一さん、付き合いがすでに四半世紀に突入しているビジネスパートナーの堀江、最初の出会いから常に世界最高の和牛を提供し続けてくれている尾崎宗春さん、和牛をビジネスにするんだと決めるきっかけを与えてくれたエスフーズ株式会社代表取締役村上真之助さん、常に明るいマインドで未来を描いてくれる香港のパートナーのジェラルド、ライバルでありビジネスパートナーでもある照寿司渡邉貴義さん、日々の最高のコーヒーを淹れてくれる井崎英典さん、日本酒世界一をともに追いかけてくれている宮泉銘醸宮森兄弟、この本のプロモーションを率先して引き受けてくれた黎明期のロンドンで出会った三戸政和さん、そしてＷＡＧＹＵＭＡＦＩＡの屋台骨を支え続ける世界一のスタッフたち、皆さんの存在がなければ今の僕はいません。心より感謝します。

ＷＡＧＹＵＭＡＦＩＡのＤＮＡを作ってくれた世界最高にぶっ飛んでいる両親、ＷＡＧＹＵＭＡＦＩＡは二人の子供でなかったら決してこの世に生まれなかったことでしょう。最後に僕のクレイジーな夢を応援しつづけてくれる妻のフローラと、愛娘ララ。フローラはすべてのＷＡＧＹＵＭＡＦＩＡのグラフィックデザインも担当してくれて、文字通り家族団結して世界一に向けたプロジェクトに取り組んでくれています。ワールドツアーにも必ず同行してくれる二人の家族の存在は唯一無二です。いつもありがとう。

今日から新しいチャレンジに踏み出す人に、少しでもヒントと勇気を提供できたなら、本当に幸いです。

「さあ、世界へ。いってらっしゃい！」

2024年1月

浜田寿人

[著者]
浜田寿人（はまだ・ひさと）
WAGYUMAFIA JAPAN 株式会社代表取締役社長
WAGYUMAFIAエグゼクティブシェフ
1977年生まれ。米国留学の後、20歳でソニー本社最年少入社。株式会社カフェグルーヴを22歳で立ち上げる。映画メディアCINEMACAFEを創立し会員制フレンチレストランのプロデュースを経て、ハリウッドの食ドキュメンタリー映画「フード・インク」の買付・配給を契機に和牛の世界へ。
2014年より和牛の本格輸出を開始。2016年に友人の堀江貴文とともにWAGYUMAFIAを立ち上げ、ワールドツアーを世界100都市にて敢行する。エグゼクティブシェフとして、デビッド・ベッカム、キム・カーダシアンをはじめとする世界の名だたるVIPから単独指名される。
ミラノコレクションにてモンクレール70周年ディナーを担当、アートコレクションのフリーズソウルの単独ガラディナーでは、BTS、ブラックピンクなどが参加するレストランブランドとして認知される。バーレーン王国主催のF1晩さん会をプロデュースするなど、中東諸国の王室からの支持も高い。
WAGYUMAFIAの活動を通して、「世界で勝てる日本の食ビジネス、日本の高級商材は他にもたくさんある」と確信。「小さく始め、ニッチをとことん攻めれば、世界で勝てる」ということを伝えたくて、本書を執筆した。まだまだ日本に眠っている未来の和牛のようなウルトラ・ニッチを発見し、育成、応援することをライフワークとしている。また、才能溢れる若手シェフなどの海外展開へのアドバイスなども積極的に行っている。

ウルトラ・ニッチ
——小さく始めろ！ ニッチを攻めろ！

2024年１月30日　第１刷発行
2024年２月22日　第２刷発行

著　者——浜田寿人
発行所——ダイヤモンド社
〒150-8409　東京都渋谷区神宮前6-12-17
https://www.diamond.co.jp/
電話／03･5778･7233（編集）　03･5778･7240（販売）
構成——上阪徹
装丁・本文デザイン—三森健太(JUNGLE)
校正——聚珍社
製作進行——ダイヤモンド・グラフィック社
印刷——勇進印刷
製本——ブックアート
編集担当——土江英明

ISBN 978-4-478-10315-9